映画を撮った35の言葉たち

渡辺進也＋フィルムアート社［編］
得地直美［イラストレーション］

フィルムアート社

はじめに

映画をめぐる言葉の中でも、映画監督たちの言葉というのはとくに私たちを魅了してしまうところがあるようです。ちょっと謎めいていて、含蓄があり、一方でなるほどと唸らされてしまう。心の中にいつまでも留めておきたいと思う言葉ばかりです。しかし、そうした言葉とは実際にはどういう意味で発言され書かれたものなのでしょうか。わかっているつもりでいて、その実は意外と知られていないものも多いのではないでしょうか。かねてからあったそうした関心がきっかけとなって本書は企画されました。

『映画を撮った35の言葉たち』は、映画史を彩る三五人の映画監督の言葉を紹介する名言集です。名言といってもいわゆる人生訓ではなく、映画づくりそのものに関わる実践的な言葉を集めようとしました。映画監督たちはどのようにして名作と言われる映画をつくったのか。映画監督たちは映画それ自体に対してどのような考えを持ち、そして立ち向かっていったのか。具体的なものから抽象的なものまで、本書には様々な意味合いを有する言葉が並んでいます。

また本書では監督たちの言葉をただ集めるのではなく、充実した解説・読解をつけ加えました。というのも、本書の目的はそれら監督たちの言葉を、作品を通して「映画を撮った言葉たち」として読み直すことにあるからです。

それゆえ本書の編集にあたっては、言葉の出典や生まれた背景についてできるだけ明らかにするようにしました。またそれらの言葉が実際に作品においてどのような形で見出しうることができるのか、具体的な作品を通じて考察もしています。そして、すさまじいスピードで変わっていく現代の映画において、ここで紹介した言葉がなお有効であるのかということも私たちの関心の一つです。

本書に際し、急な依頼にもかかわらず、映画監督それぞれの言葉に真摯に向き合い、その大いなる可能性を文章として寄せていただいた執筆者の皆様に、そして思わず微笑まずにはいられない素敵なイラストを描いてくださいました得地直美さんに、心より御礼を申し上げます。本書がたんなる映画格言本以上の魅力的なものとなったのは皆様のお力によるものです。そして、「将棋の格言を扱った書籍と同じことが映画においてもできるのではないか」という、私の軽い思いつきを、このように書籍の形にしていただいたフィルムアート社にも深く感謝いたします。

最後になりますが、『映画を撮った35の言葉たち』を手に取ってくださった読者の皆様に感謝を申し上げます。本書を通して、改めて映画に出会い、再び映画をめぐる言葉の数々を読み直す機会を生み出していただけたのだとすれば、編集を手がけた者にとって何よりも嬉しいことです。

二〇一七年十二月　渡辺進也

目次

映画を撮った
35の言葉たち

凡例

- 本文中における映画作品邦題・雑誌名・書籍名は『』を、シリーズ名に関しては「」を用いて表記した。
- 映画作品についてはそれぞれの文章内での初出時のみ、縦組みの箇所では漢数字四桁、横組みの箇所では算用数字四桁にて、()内にその製作年を記した。なお前後の文脈にて制作年に言及がある場合には基本的に省略している。
- 出典について、日本語文献が存在するものについては基本的にそこでの表記に倣って引用表記を記したが、一部文脈の補足のため表記を調整したもの、あるいは訳出を調整したものがある。また、正確な出典が確認できなかったものに関してはその旨を併記した。

01

映画に未来はない。

—

オーギュスト・リュミエール

Auguste Lumière

(1862-1954)

ルイ・リュミエール

Louis Lumière

(1864-1948)

ともにフランス・ドゥー県生まれ。肖像画家から写真家へと転身した父の勧めで動画の研究を始め、スクリーン投影による映画(シネマトグラフ・リュミエール)を開発した。自ら撮影を行った作品に『工場の出口』(1895)『水をかけられた散水夫』(1895)『ラ・シオタ駅への列車の到着』(1896)など。

出典:「ジョルジュ・サドゥールによるルイ・リュミエールへのインタヴュー」、古賀太訳、蓮實重彥編『リュミエール元年』所収、筑摩書房、1995年、148頁。

八九五年十二月二八日、パリのグラン・カフェでのシネマトグラフの最初の有料上映に居合わせたジョルジュ・メリエスに対して、リュミエール兄弟が口にしたとされる、「映画に未来はない」という神話的な発言の真偽について、晩年のインタヴューでジョルジュ・サドゥールに問われたルイ・リュミエールは、気分を害しながら、そうした発言の存在を否定する。そもそも自分は最初の有料上映に立ち会っていないし、仮にそんな発言がなされたのだとしたら、それは父アントワーヌ・リュミエールのものだ、と。

同じインタヴューでサドゥールは、最初の有料上映をめぐるもうひとつの神話にも言及している。すなわち、「機関車が近づくと、観客は怖くなって椅子から立ち上がりそうになった」[*1]という、有名なエピソードである。ところがルイ・リュミエールは、このサドゥールの発言が耳に入らなかったとでもいうように、この点については何も言及せぬままだ。

列車の接近に恐れをなした観客が、座席から慌てて飛び退く。マーティン・スコセッシが『ヒューゴの不思議な発明』(二〇一一)の中で再現してみせたような場面は、実際にも繰り広げられていたのだろうか。シネマトグラフに言及したフランス全土の新聞記事を網羅的に収録した驚愕的な書物『フランスのシネマトグラフ事典』が、この疑問に答える手がかりを与えてくれるだろう。[*2]そもそも『ラ・シオタ駅への列車の到着』(一八九六)は、かの伝説的な最初の有料上映のプログラムには含まれていないのだが、翌年の一月以降パリや各地で上映されたこの作品の内容を伝える記事の筆致は、思いのほか沈着である。たとえば「『列車』が到着し止まる、乗客が降りて伸びをする」[*3]、といった具合だ。かろうじて見出されるのは、「鉄の巨体から思わず身をそらしてしまう」[*4]という、一八九六年一月二六日付のリヨンの地方紙の記述くらいのものである。

もちろん新聞記事に書かれていないからといって、『列車の到着』をめぐるエピソードとして誰もが思い浮かべる場面が、実際には繰り広げられていなかったのだと結論づけるのは乱暴であろう。しかし逆に言えば、新聞が記事にするほどの騒動が生じなかったことだけは確かなようである。ルイ・リュミエールがインタヴューでこの場面に触れようとしなかったことも、シネマトグラフの名高い創造神話を守ろうとする、無意識的な挙措に思われてくる。

「映画に未来はない」という発言の真偽はともかく、映画の未来を暗いものとして思い描いた者なら他にもいた。一八九六年七月にロシアでシネマトグラフを目撃したマクシム・ゴーリキーである。「物言わぬ無音の暗い影たちの暗い動きは、見ていて不安になる。これは未来の生活への暗示ではなかろうか?」[*5]。ゴーリキーの懸念は、映画の影響で感覚的な刺激ばかりを追い求めるようになった人々が、何気ない日常的な場面の描写から想像力を広げる能力を失ってしまうことだった。

同じ文章でゴーリキーは『列車の到着』にも触れている。「注意せよ! 巨大な大砲から放たれたかのように、まっすぐ向かってきて、貴方を押しつぶしてしまいそうだ」[*6]。ラ・シオタ駅のホームに列車がゆっくりと入り込む実際の映像からは、かけ離れた描写にも思える。当時の観客の印象は、今日の私たちのそれと、そこまで大きく隔たっていたのだろうか。むしろゴーリキーが、まさしく想像力を羽ばたかせた結果の描写だと考えるべきだろう。
今日の私たちもまた、想像力を羽ばたかせて、スクリーンから逃げまとうシネマトグラフの観客という、おそらくありもしなかった光景を思い浮かべている。映画が人々の想像力を奪うというゴーリキーの懸念は、杞憂であったということだ。つまり映画に未来はあったのか、それともなかったのだろうか？（橋本一径）

『工場の出口』

註
1 蓮實重彥編『リュミエール元年』、筑摩書房、一九九五年、一七七頁。
2 Jacques et Chantal Rittaud-Hutinet, *Dictionnaire des cinématographes en France (1896-1897)*, Paris, Honoré Champion, 1999.
3 *Ibid.*, p. 354.
4 一八九六年三月一日の記事。*Ibid.*, p. 239.
5 Maxime Gorki, « Vos nerfs se tendent... » [1896], Daniel Banda, José Moure (textes choisis et présentés par), *Le cinéma : naissance d'un art. 1895-1920*, Paris, Flammarion, 2008, p. 55.
6 *Ibid.*, p. 54.

02

映画とは「銃と女」である。

―――

デヴィッド・ウォーク・グリフィス

David Wark Griffith

(1875-1948)

アメリカ・ケンタッキー州生まれ。「アメリカ映画の父」と呼ばれ、無声映画時代において映画文法の多くを確立した。主な作品に『國民の創生』(1915)『イントレランス』(1916)『散り行く花』(1919)『東への道』(1920)など。

出典:ジャン=リュック・ゴダール『映画史(全)』、奥村昭夫訳、ちくま学芸文庫、2012年、415頁。

D・W・グリフィスは、言わずと知れた「アメリカ映画の父」。俗にいう映画文法を練り上げ、今日でも使われるさまざまな技法を確立した人物として名高い監督である。たとえばクロースアップや移動撮影、フラッシュバックをはじめ、物語に緊迫感をもたらすクロスカッティングや視線つなぎやアクションつなぎにいたるまで、グリフィスは実に巧みに映像を編集し、舞台上で演じられる演劇の再現を離れて映画固有の表現を押し広げていった。三時間の超大作『イントレランス』（一九一六）、リリアン・ギッシュが可憐な少女を演じた『散りゆく花』（一九一九）や『スージーの真心』（一九一九）など、代表作を絞るのも難しい。また彼の名を一躍轟かせた初長編『國民の創生』（一九一五）は、白人至上主義を高々と謳った問題作であり、アメリカ映画の父と呼ばれるこの人物は過激な差別主義者でもあった。グリフィスは、一九一九年にチャールズ・チャップリン、ダグラス・フェアバンクス、メアリー・ピックフォードとともにユナイテッド・アーティスツ社を設立したが、この映画会社が一九八一年にマイケル・チミノの『天国の門』（一九八〇）で大赤字を抱えてMGMに買収されたとき、誰もがそこにハリウッドの終焉を象徴的に読みとった。

映画とは「銃と女」である。物語映画の創始者グリフィスは、映画に必要な二大要素としてこの二つを挙げてみせた。ところでいまや人口に膾炙したこの表現であるが、はたして本当にグリフィスが言ったのか。これは、映画史につきものの真偽定かならぬ伝説だった。ロンドン大学で映画史を講じるロラン＝フランソワ・ラックはこの発言が流布したいきさつを追っている。発端を作ったのはフランスの映画作家ジャン＝リュック・

ゴダールである。彼は『はなればなれに』(一九六四)のプロモーションの際に自作を「銃と女」の二語に要約し、グリフィスを引いたまでだと言ってのけた。それ以後、誰一人確かめることなく、グリフィスによる映画の定義として表現ばかりが一人歩きしていったのだ。ゴダールは一九七八年にモントリオールで映画史の連続講義をおこない、そこでふたたびグリフィスに触れ、ついには『(複数の)映画史』(一九八八―九八)でもこの定義を取り上げることになる。ゴダールは『(複数の)映画史』で「映画とはなにか?」の問いと「銃」と「女」の二語を結びつける。そこにどのような映像が組み合わせているかを確認するのも一興である。

ゴダールによる捏造にも思えるこのグリフィスの発言。だがラックによれば、これは実際にグリフィスが言ったものらしい。初出は、アメリカ合衆国の雑誌『シャドウランド』の第六巻三号(一九二二年五月)。早くもフランスでは、同年同月号の『シネア』誌にその抄訳が載っている。

しかし、グリフィスによるこの発言の真意はいかなるものかは判然としない。映画とは銃と女である。あまりに単純な断言にもかかわらず、あるいはそれゆえに、ここにはほとんど対立する二つの考えが含まれているようだ。一つには、映画とは性(女性)と暴力(拳銃)、つまりセックス&バイオレンスで十分というアイデアがひと言に凝縮されている。それが観客の望むものだというなら、男性観客のみを念頭に置いた、いかにもマチズモ芬々たる物言いと非難する向きもあるだろう。ところが、ここにはまた別の解釈を引き出す余地もある。映画は銃と女である。つまり、映画は銃を手にする女を見せねばならない。不当に虐げられた人々がついに立ち上がり、反撃に出るさまを語らねばならない。抑圧された者には力が必要であり、映画のみがそれを可能にするというわけだ。ゴダールからグスタフ・ドイチュまで、ルネ・クレールからフランソワ・トリュフォーまで、はたまたジョルジュ・サドゥールからポーリン・ケイルまで、グリフィスによる映画の定義がこれほど多様な映画作家や批評家を魅了してきたのは、こうした意味の揺らめきゆえのことだろう。（須藤健太郎）

『散り行く花』

03

人生は
クロースアップで
見れば悲劇だが、
ロングショットで
見れば喜劇だ。

—

チャールズ・チャップリン

Charles Chaplin

(1889-1977)

イギリス・ロンドン生まれ。舞台女優の母をもつも、貧しい生活のなか様々な職を転々としつつ、いくつかの劇団を渡り歩き、1913年にマック・セネットに見初められ映画界に足を踏み入れる。喜劇王の名でも知られる通り、世界で最も著名なコメディ俳優の一人。主な作品に『キッド』(1921)『巴里の女性』(1923)『黄金狂時代』(1925)『街の灯』(1931)『モダン・タイムス』(1936)『殺人狂時代』(1947)『ライムライト』(1952)。

出典:正確な初出は不明
(1977年12月28日付の「ガーディアン」紙にチャップリンのものとしてこの言葉が紹介されている)

ちょび髭を着けた顔の上にちょこんと山高帽をのせ、だぶだぶのズボンに窮屈な上着。そして、ステッキをつきながらガニ股で歩く。ドジでありながら心優しい男。チャーリー・チャップリンのこの姿は、彼の多くの作品の中で見られ、広く世間に知れ渡っている。

このチャップリンの言葉は、ことによると映画人が語った言葉として最も有名な言葉なのかもしれない。一九七七年、彼の死後、ガーディアン紙に掲載された、アメリカの映画批評家リチャード・ラウドによる追悼文には次のような記述が見られる。「人生はクローズアップで見れば悲劇だが、ロングショットで見れば喜劇だ、とチャップリンは書いた。彼の仕事を支配しているこの美しい哲学は彼の初期の作品でありエサネイ社時代の終わりの作品『チャップリンのカルメン』（一九一五）の中にすでに見られる」。しかし、どうやらこの言葉はチャップリンによっていつどこで語られた言葉なのか、正確な記述があるわけではないようだ。出典と考えられているのが、一九一六年に出版されたチャップリンの自伝*Charlie Chaplin's Own Story*（The Bobbs-Merrill Company）の冒頭部分である。「人生そのものは喜劇、それもスラップスティックの喜劇だ。いつだって予想外のことに見舞われる。欲しいものを手に入れようとして手を伸ばせば、平手打ちをくらい、バン！となくなってしまう。敵を攻撃しようとすれば、友人を叩いてしまう。自信満々で歩けば、穴に落ちる。それが悲劇か喜劇どうかはどのように見るかで決まる。そこには毛ほどの違いもないのだ」

なぜこの言葉がこれほど広まったのか。それは偉大な映画人チャップリンの言葉であるということはもちろん、この言葉がチャップリンの映画をよく表しているからではないだろうか。『キッド』（一九二一）の冒頭に置かれた字幕「この映画は笑いと涙の物語である」を思い出すまでもなく、チャップリンの映画とは、観客をよく笑わせ、また涙なしには見られない映画である。

『街の灯』（一九三一）では、路上生活者のチャップリンが、路上で花を売る女性に金持ちと間違えられ、足長おじさんのようになけなしのお金を振る舞うことで可笑しさが生まれる。女性の家賃と目の手術代を用意するために、チャップリンは賞金目当てでボクシングを戦い、果てには牢屋に入れられてしまう。そして、数ヶ月後、出所した彼の前には視力を回復し、通りに店を持った女性の姿がある。目の見るようになった彼女を見つめるチャップリン、最初はただの浮浪者だと思っていたのに彼が足長おじさんだと気づいた女性。それまで、チャップリンの奮闘する姿をロングショットで捉えていたのに、この映画のラストシーンはクロースアップで二人の姿を映すことで終わる。私たちはロングショットのチャップリンに笑い、クロースアップのチャップリンに涙する。チャップリンはここぞという場面にだけ、クロースアップを使うのだ。そうすることでそれまで見ていた光景がまた別の意味を持つようになる。

クロースアップで撮れば悲劇になり、ロングショットで撮れば喜劇になるなど、もちろんそんな単純なことではないだろう。だが、いまもなおチャップリンのこの格言は多くのコメディ映画でも引き続き見られるものではないだろうか。近づいていたカメラが遠くに離れるとそこでは可笑しいことが起こっている。あるいは、それまでドタバタとおかしく動き回っていた人物の顔の表情を捉えることによって、急に哀しみを帯びる。ウディ・アレンの映画からジャド・アパトーの映画まで、多くのコメディ映画ではいまもなおこの技法が見られる。喜劇と悲劇。私たち観客が一つの作品の中でお腹を抱えて笑い、時にしんみりとしてしまうのはまさしくこの効果なのである。この格言は今でも喜劇の教科書としてあり続けていると言えるのではないだろうか。（渡辺進也）

チャールズ・チャップリン

04

意外性こそが
我々の定番商品であり、
普通じゃないことが
我々の目標だった。
そして、唯一無二であることが
常に我々が望む理想である。

―――

バスター・キートン

Buster Keaton

(1895-1966)

アメリカ・カンザス州生まれ。ヴォードヴィルにて家族ぐるみで活動したのち、映画界に参入。チャールズ・チャップリン、ハロルド・ロイドと並び、世界三大喜劇王として語られる。主な作品に『キートンのマイホーム』(1920)『馬鹿息子』(1920)『キートンの化物屋敷』(1921)『海底王キートン』(1924)『キートンのセブン・チャンス』(1925)『キートンの西部成金』(1925)『拳闘屋キートン』(1926)『キートン将軍』(1927)『キートンのカメラマン』(1928) など

出典：バスター・キートン＋チャールズ・サミュエルズ
『バスター・キートン自伝 わが素晴らしきドタバタ喜劇の世界』、藤原敏史訳、筑摩書房、1997年、235頁。
(引用に際し、原書を参考に一部訳出を変更した)

すっぱい顔、死人の無表情、凍り付いた顔、偉大なる無表情。これらは表情を変えることないままに常人離れしたアクロバティックなアクションを飄々とこなす、偉大な喜劇役者バスター・キートンに付けられた異名の数々である。

ヴォードヴィル（一九世紀末から一九二〇年代にかけてアメリカで人気を博した舞台娯楽。コメディと歌、ダンスを中心に様々な番組が上演された）の舞台に立つ旅芸人の家族に生まれたジョセフ・フランク・キートンは、赤ん坊の頃から両親の出る劇場に付いて回り、すでに四歳の時には両親とともに「キートン三人組」として舞台にあがっていた。彼ら一家の演目とは、父親であるジョー・キートンがバスターを逆さにして床を掃いてみたり、舞台セットに投げ飛ばしてみたりといった大変荒々しいものであったという。人間モップ、人間サンドバック、ときに人間フットボールとして、連日舞台に上がっていたキートン少年であったがほとんど怪我することがなかった。ちなみに、彼の芸名であるバスター（buster）とは「頑丈さ」の意味である。

ヴォードヴィル芸人として活躍していたバスター・キートンだが、一九一七年、二二歳のときに喜劇役者ロスコー・アーバックルから誘われるかたちで、当時一番の大衆娯楽となっていた映画へとその活動の場所を変える。当初、脇役として出演していた彼だったが、人気俳優になるのにそれほどの時間はかからなかった。

一九二〇年には初監督作である短編『キートンのマイホーム』が公開されている。二台の並走する車に片足ずつを乗せてまたがりそのままオートバイに運ばれていく。立っている彼の頭上に家の壁が倒れてくるとちょうど窓枠部分が彼のいるところに落ちてくる、といった有名なギャグをこの映画で見ることができる。一時期には自らの名の付いた撮影所を持ち年間六、七本の映画を制作。十八本の短編作品を発表した後、当時多くのスター俳優を抱えていたMGMやユナイテッド・アーティスツといった映画会社にて十本の長編作品を監督した。

さて、一九六〇年に出版された自伝『バスター・キートン自伝 わが素晴らしきドタバタ喜劇の世界』(筑摩書房)の中で語られている彼の言葉を見てみよう。意外性。普通じゃないこと。唯一無二であること。これらの言葉は彼の映画を見れば一目瞭然だ。キートンが画面にいるだけでその後には予想外の出来事が起こってしまう。なんでもない普通の光景が彼にかかればたちまち笑いの起こる場所に変わる。そして、彼が奮闘すればするほど次々巻き込まれる出来事にはただ抱腹絶倒するしかない。いったいバスター・キートン以外の誰があんなハラハラドキドキするアクションをすることなどできるだろうか。

映写技師であるキートンが映画の中で展開される犯罪を解決しようとスクリーンの中を出たり入ったりする『キートンの探偵学入門』(一九二四)。スクリーンを挟んで観客席側と映画の中の人物が入れ替わるこうした着想は、後に、『カラビニエ』(一九六三/ジャン=リュック・ゴダール監督)、『カイロの紫のバラ』(一九八五/ウディ・アレン監督)、『ラスト・アクション・ヒーロー』(一九九三/ジョン・マクティアナン監督)などでオマージュが捧げられ、パロディ化されていくなど今では当たり前のように見られる。だが、その当時は誰も思いつきなどしないことだった。

多数の脚本家や重役たちの意見が介入する大会社での制作よりも、その場で出てくる思いつきや発想をフットワーク軽く実現できるチームでの制作を好んだキートンだが、それが実現できたのも、意外性のあるギャグを思いつく知性とそれを視覚化することのできる驚異的な身体能力があったからこそだろう。バスター・キートンは世界中を見回してみても、誰ひとり真似することができない唯一無二の存在である。（渡辺進也）

『キートン将軍』

05

私は長回しのカットの力というものを大いに信じています。

—

カール・テオドア・ドライヤー

Carl Theodor Dreyer

（1889-1968）

デンマーク・コペンハーゲン生まれ。ジャーナリスト、演劇／映画評論家を経て映画界入りし、映画会社で映画技術を学び、1919年に監督第一作『裁判長』を撮る。デンマークを代表する映画作家として知られる。主な作品に『むかしむかし』（1922）『あるじ』（1925）『裁かるるジャンヌ』（1925）『吸血鬼』（1932）『怒りの日』（1943）『奇跡』（1955）『ゲアトルーズ』（1964）など。

出典：「カール・Th・ドライヤーに聞く」、『作家主義 映画の父たちに聞く』所収、奥村昭夫訳、リブロポート、1985年、405頁。

カール・テオドア・ドライヤーはこの言葉を述べる前に、台詞の純化という考え方について語っている。戯曲の中には本質的でない事柄が「道をふさぐ」ため、それらを削除して「観客が、それぞれ自由に道をたどって目的地に行きつく」必要があるのだと。そしてドライヤーは表題の言葉それに続けて場面の連続性を分断する恐れのあるものはすべて除去するとも述べている。確かにほとんどの画面が人物のクロースアップで占められる『裁かるるジャンヌ』（一九二八）をよく見てみるのなら、審問官の問いに対するジャンヌの答えや反応は、その間に字幕や、あるいは審問官たちの蔑みや嘲笑に満ちた反応を浮かべる顔が挿入されようとも、表情の微妙な推移を観客が捉え損ねることがないように、連続性を堅持する編集がなされていることに気づくだろう。ドライヤーは『怒りの日』（一九四三）でも同様に、魔女と疑われる自身の力によって死んだ夫アブサロンの棺の前における妻アンネとマーティンの会話シーンを、速く短い切り返しをつなぐことによってではなく、長いゆっくりしたリズムのクロースアップを使うことで二人の動きの連続性を観客に感じさせたことを次のように述懐している。「『怒りの日』のアクションと雰囲気こそが、ゆっくりした静かなリズムを決めたのですが、これはまたべつの目的があり、耳が感じるゆっくりした脈動のような動きを強調すること、そしてもう一つは、劇作家が戯曲の中で目指して積み上げたものを強調し支持することで、私はそれを映画に持ち込もうとしたのです〔…〕人間の歩みと語りにはある結びつきがあります。（アンネ役の）リスベート・モーヴィンをただ見て下さい。そこには彼女の歩くリズムと語るリズムの最高の協調があるのです」。*1

ドライヤー自身はこの独自のリズムについて「字幕という沈黙の時間を挟んでいた無声映画を引き継いだ」とも語っているが、同国人であるダグラス・サークは、ドライヤーの「遅さを耐えがたいまでに昇華する」「中世の遅く、子細な、致命的な思考法」[*2]から学んだことを、自らも晩年ハンナ・シグラを起用した短編『大晦日の夜ある対話 *Silvesternacht – Ein Dialog*』（一九七七）で実践してみせていた。あるいはいつも観客が追いつけないほどの速いリズムで映画を紡ぐオーソン・ウェルズさえもが、自らの老いを強調した『不滅の物語』（一九六八）においては、ドライヤーの遅いリズムに接近しようとしていたかのように思われる。この映画のジャンヌ・モローの美しいベッドシーンを高速モンタージュでリメイクせんとしたカルメロ・ベーネの傑作『サロメ』（一九七二）もまた、ドライヤーを意識していたことは疑い得ない。これらの作品の演出には、ドライヤー同様に「時を止める」ことへの欲望が充ち満ちている。ドライヤーは完璧さに安住するような映画作家ではなく、長回しによる連続性と、時には『吸血鬼』（一九三二）のように予測不能のカメラワークについてゆこうとする俳優の綱渡り的な演技の冒険のドキュメンタリーとして観客を魅惑し、また「後継者たち」を育むのである。（赤坂太輔）

註

1 « Dreyer in Double Reflection », *Carl Dreyer's Writings on Film*, Donald Skoller(Editor), Da Capo Press Inc., 1999.

2 ジョン・ハリデイ編『サーク・オン・サーク』、明石政紀訳、INFASパブリケーションズ、二〇〇六年。

『裁かるゝジャンヌ』

06

キャメラの据え方は一千とおりあるが、正しい位置はひとつしかない。

—

エルンスト・ルビッチ

Ernst Lubitsch

(1892-1947)

ドイツ・ベルリン生まれ。舞台俳優・コメディアンとして活躍ののち、映画界に参入。ハリウッドにおいてコメディの名手として名声を得る。主な作品に『カルメン』(1918)『牡蠣の王女』(1919)『結婚哲学』(1924)『生活の設計』(1933)『ニノチカ』(1939)『桃色の店』(1940)『生きるべきか死ぬべきか』(1942)『天国は待ってくれる』(1943)など。

出典:ハーマン・G・ワインバーグ『ルビッチ・タッチ』、宮本高晴訳、国書刊行会、2015年、9頁。

ドイツ系ユダヤ人の仕立屋の息子として世紀末ベルリンに生まれたエルンスト・ルビッチは、一九一〇年代のドイツ演劇界の寵児マックス・ラインハルトの劇団で俳優として経験を積んだ後、映画界へと足を踏み入れる。監督業に進出し十数本の短編を手がけた彼は、新進女優ポーラ・ネグリ主演の『呪いの眼』(一九一八)で長編デビューする。彼女とのコンビはさらに続き、その内、史劇『パッション』(一九一九)がアメリカで大当たりしたことで、二人はハリウッド行きの切符を手にすることになる。

ルビッチをハリウッドに招いたのは、ユナイテッド・アーチスツ(UA)の設立者の一人でもある当時の大スター、メアリー・ピックフォードであった。彼女の製作・主演で、渡米第一作として歴史大作『ロジタ』(一九二三)が作られたことからうかがえるように、当初ハリウッドは「ヨーロッパのグリフィス」、つまり大作映画の監督としてルビッチを迎えたのだった。

UAの財政難からワーナーに移ることになったルビッチが一転して次に手がけたのが『結婚哲学』(一九二四)である。この作品は、ソフィスティケーテッド・コメデイの巨匠としての彼の名声を形作るのに重要な役割を果たすことになる。この種の喜劇は、上流階級の男女の振舞いの下に見え隠れする欲望を間接的に表現することにより、洒落た感覚で彼らの恋愛をゲームのようなものとして描く点に特徴がある。同時代に彼の作品に触れ、その虜となった映画監督に若き日の小津安二郎がいる。またルビッチの没後二十年ほど経って、フランソワ・トリュフォーは「ルビッチは映画の君主(プリンス)であった」との賛辞を寄せている。

ではルビッチ映画の真髄とはいかなるところに存するのか。

たとえばそれは『結婚哲学』の次のような場面に典型的に表れている。舞踏会の途中で姿の見えなくなった夫を探しに中庭に出た妻がそこで親友に出くわす。実は直前に夫と親友は密会していたのだが、妻はそれを知らない。するとその時、バルコニーで夫と若い女性が歓談している姿が彼女たちの目に入る。妻は夫の不貞を疑う。

この場面の面白さは、妻の主観ショットとして提示される「夫と若い女性が歓談している姿」を捉えた映像の意味を彼女が取り違える点に由来する。夫は若い女性とただ歓談しているだけなのだが、夫と彼女との関係を疑っている妻の目には、それが夫の不貞の決定的証拠に見えてしまう。このようにルビッチの映画においては、登場人物の頭の中でしばしば一つの映像が元々の意味とは異なる別の意味を獲得してしまう。本来、一つの映像はそこに映っているもの以外、何も意味しないはずだ(たとえばリュミエール兄弟の映画とはそのようなものだ)。それ以上の意味を獲得するのは、映像が編集によって一定の文脈に置かれた場合である。ルビッチの独創性は、映像の持つこの曖昧さを逆手にとって、自らの映画作りの核に据えた点にある。

こうしたことが可能になるためには、登場人物たちがどのタイミングで何をどのように見るのかがカット割りも含めて演出家によってあらかじめ視覚的に思い描かれていなければならない。そしてそのプランから正しいキャメラ位置は必然的に導き出されてくる。そしてそれはただひとつしかない。もしも違うアングルから撮られていたら、先ほどのシーンの面白みは損なわれていただろう。『ラヴ・パレード』（一九二九）を皮切りにルビッチが監督した四本のミュージカル映画に主演したジャネット・マクドナルドの次の言葉はそうした事情を述べたものだろう。「彼は業界随一の編集の名人でした〔…〕彼は撮影と同時に編集をすませていく――つまり、彼は自分がほんとうに必要とするショットしか撮影しない。彼はスクリーン上に流れる映画のとおり、そのとおり目に見えるかたちで台本を書いていて、しかもそれでいて、撮影中に計算が狂い出すということはなかったのです」。ルビッチの映画づくりにおいて、演出・撮影・編集は三位一体であり、それらはほぼ同時に彼の頭の中で構想されている。（葛生賢）

『生きるべきか死ぬべきか』

07

ときには嘘をつく
必要がある。
その真の精神を
捉えるためには、
しばしば何かを
歪ませなければならない。

―

ロバート・J・フラハティ

Robert J. Flaherty

(1884-1951)

アメリカ・バーモント州生まれ。ドキュメンタリー映画の父として知られ、ドイツ出身の映画監督フリードリヒ・ヴィルヘルム・ムルナウの遺作『タブウ』を共同製作した。主な作品に『極北のナヌーク』(1922)『モアナ』(1926)『タブウ』(1931/ムルナウとの共同製作)『アラン』(1934)『ルイジアナ物語』(1948)など。

出典:Arthur Marshall-Calder, *The Innocent Eye:The Life of Robert J.Flaherty*, Harcourt, Brace & World, p.97.

ロバート・J・フラハティはもともと鉱物資源の調査や地図の測量を行う探検家だった。何度目かの探検の際に、雇い主からカメラを持参し、そこで見た光景を撮影してくることを提案されたことで映画作りに関わることになる。まず一九一四年から一五年にかけてハドソン湾探検の際に協力してくれたエスキモーの生活を撮影した。だがその出来に満足しなかった彼は、ネガフィルムを焼失してしまったのを機に、改めて彼らを主人公に映画を作ることを決心する。そして、ひとりハドソン湾の北東岸にあるエスキモーの村に十六ヶ月間滞在して撮影した作品が、最初のドキュメンタリー映画とも言われている『極北のナヌーク』（一九二二）である。

この言葉はアーサー・マーシャル＝カルダーの*The Innocent Eye :The Life of Robert J. Flaherty*

『極北のナヌーク』

など様々なところで紹介されている。一般に撮影対象のあるがままの姿を映し出すものだと考えられているドキュメンタリー映画の第一人者が嘘について語っているのはとても興味深い。彼が実際についた嘘に言及するならば、たとえば『極北のナヌーク』を見れば、まるで目配せをするかのようにカメラの方を見ている主人公ナヌークの姿に気がつくだろうし、エスキモーたちが雪と氷から作り出した住居は映画の撮影のために不自然に大きかったりする。また、当時彼らは狩りにライフルを使用していたにも関わらずこの映画の中では銛しか使っていない。撮影のために手を加えられた事実が見られるのだ。だが、フラハティはそのことを隠そうともしていないし、そもそも彼が望んでいたのは、あるがままの彼らの姿の記録ではなく、かつての彼らの伝統的な生き方であり、彼らの生き生きとした真の姿を捉えることにあった。ゆえにこの言葉の中で強調されるべきは、嘘をつくことにではなく、真の精神をいかにして捉えるかということに対してだろう。どうすれば生き生きとした彼らの姿を撮影することができるのか。どうすれば今もなお多くの観客を魅了するような映画をつくることができるのか。そうした極意がつまった言葉として考えることもできるのではないだろうか。

フラハティの映画つくりの特筆すべき点は、現地で彼らエスキモーたちと一緒に生活し、彼らと一緒に映画をつくったことにある。妻であるフランシス・H・フラハティの書いた『ある映画作家の旅』（みすず書房）を読むと、『極北のナヌーク』はエスキモーたちの協力なしにはできなかったことがわかる。「実際、彼らはフラハティのためにあらゆることをやってくれました。ときには、彼らはフィルムの現像に必要な水を用意するのに、氷の張った河を六フィートも掘ってくれ、〔…〕フィルムを現像し乾かす木枠を作るため、海岸を何マイルも歩いて流木を見つけてきて、それを作り上げたりもしました」。また、彼らは映画のために様々な場面を考えて提案した。「映画に描かれたエピソードの多くは、このナヌークのアイデアから生まれた。映画に対する彼の情熱は底なしだった。探検家が来る以前の伝統的な手法でセイウチ狩りをするというのも、彼が早くに言い出したことだ」（エリック・バーナウ著『ドキュメンタリー映画史』〔みすず書房〕）。また、現地で撮影されたフィルムは現地で現像され、そのまま彼らの前で上映された。それを見た彼らが映画に魅了され、どうすれば良いシーンが生まれるのか、一緒になって考えた結果が、狩りをするナヌークの勇ましさや、吹雪で何日も足止めされる家族の困難など、いま見ても色褪せない迫力に満ちた映画へとなっていった。

空港建設反対運動を撮影するために三里塚に住み、後に山形で米作りをしながら現地の人々と映画を作った小川紳介など、フラハティの用いた方法は後のドキュメンタリー映画作家たちに大きな影響を与えている。あるがままの姿を映し出したのでは現れることのない、撮影対象の中に秘められている真の姿を映し出すにはどうすればよいのか。そうした創意工夫がこの言葉には込められている。（渡辺進也）

08

一スジ、ニヌケ、三ドウサ。

—

牧野省三

Makino Shozo

(1878-1929)

マキノ雅弘

Makino Masahiro

(1908-1993)

ともに日本・京都府生まれ。牧野省三は日本初の職業映画監督であり、その息子であるマキノ雅弘は若干18歳にして監督デビューを果たす。牧野省三の主な作品には『本能寺合戦』(1908)『忠魂義烈 実録忠臣蔵』(1928)『雷電』(1928) など。マキノ雅弘の主な作品には『青い目の人形』(1926)『鴛鴦歌合戦』(1939)『ハナ子さん』(1943)『幽霊暁に死す』(1949)「次郎長三国志」シリーズ(東宝版 1952-1954/東映版1963-1965)、「日本侠客伝」シリーズ(1964-1969)『昭和残侠伝 死んで貰います』(1970) など。

『映画渡世・天の巻 マキノ雅弘自伝』、平凡社、1977年、100頁。

京都で母親の経営する千本座という芝居小屋の企画・演出その他を一手に任されていた牧野省三は、のちに日活社長となる映画興行者の横田永之助の知遇を得て、当時は活動写真と呼ばれていた映画の製作を依頼され、一九〇八年『本能寺合戦』で日本最初の映画監督となる。さらに翌年、旅役者の尾上松之助をスカウトし、日本最初の映画スターにする。省三率いるマキノプロダクションからはやがて日本映画界を支えていく脚本家・監督・俳優が多数育つ。省三の長男であった正唯は、幼い頃から父親の映画で子役をし、助監督を経た後にマキノ正博（一九五〇年より雅弘）に改名して一九二六年『青い眼の人形』で監督デビュー。一九二八年の『浪人街　第一話　美しき獲物』の新鮮な感覚が注目を集める。だが翌年、父省三の死去により、マキノプロは解散、以後マキノ正博＝雅弘（以下、マキノと略）は戦前から戦後にかけて日活・東宝・東映を渡り歩き、早撮りの職人監督として腕を振るっていく。

「一スジ、二ヌケ、三ドウサ」とは、マキノが省三から伝えられた「映画憲法」で、スジとはストーリーの面白さ、ヌケとは映像の鮮明さ、ドウサとは俳優の演技をさす。

牧野省三が映画製作者として活動した時期は、歴史的にはちょうど古典的ハリウッド映画が成立していく時期とほぼ重なる。古典的ハリウッド映画は、因果関係に基づいた明快なストーリーラインとそれを観客に効率的に伝えるための画面構成の原則によって成り立っているが、マキノ家にとって上記の「映画憲法」とは、日本映画が初期映画の段階から脱して、より長尺で複雑な物語を語るメディアへと変貌しつつあった時代における、映画製作上のガイドラインのようなものだったろう。

　そしてマキノは父の教えを独自に発展させていく。特に演出家としての彼にとって重要だったのが「スジ」と「ドウサ」である（「ヌケ」に関しては、彼は三木稔〔のち滋人〕をはじめとする優れたキャメラマンに初めから恵まれている）。まず「スジ」については、マキノ組の助監督を経験した者たちが証言しているようにホン（脚本）はあってなきがごとしであった。これはプロデューサーでもあった省三とは違い、雇われ監督のマキノにとって脚本とは単に会社からあてがわれたものにすぎないことに由来する。では満足のゆかないお仕着せの脚本を与えられた彼はどうしたかと言えば、それには

『鴛鴦歌合戦』

目もくれずに、その日に撮影する分のシーンを始めから終りまで「口立て」で助監督に書き取らせ、自分で手を加えたものをスタッフ・キャストに配るという方法が取られていた。なおマキノにとって出来の悪い脚本とはいわゆる「串団子式」のもの、つまりエピソードが時系列順に並んでいるだけでそこにドラマとしての流れがないもののことである。次に「ドウサ」だが、マキノにとって感情とは身体が画面に描く線によって表現されるもので、その線を出すには身体の重心をどのように置くかが重要だった（そしてリハーサルの際、彼は実際に俳優の目の前で自分でそれを演じて見せながら、彼らに芝居を振り付けていった）。私たちは多くのマキノ作品で俳優たちが自らの身体の線によって、その場面の感情を表現しているのを目にすることができるが、その最も見事な例が『昭和残侠伝 死んで貰います』（一九七〇）の高倉健とのラブシーンでの藤純子の芝居である。ここで彼女は揺れ動く女心を自らの身体が描くいくつもの円弧によって表現している。（葛生賢）

映画監督の声を聞く／撮ること――「我らの時代の映画作家／映画、我らの時代の」シリーズについて

文＝田中竜輔

戦後フランス最大の映画批評家と評され、のちのヌーヴェル・ヴァーグの映画作家たちを育んだ『カイエ・デュ・シネマ』の創始者のひとり、アンドレ・バザン。その早過ぎる死ののち、妻ジャニーヌ・バザンと同誌批評家のアンドレ・S・ラバルトは、一九六四年に国営テレビ・ラジオ局であるORTF（フランス放送協会）のプログラムとして、「我らの時代の映画作家 *Cinéastes de notre temps*」と題されたシリーズを創始する。映画監督たちをめぐる一本あたり約一時間弱のドキュメンタリー・シリーズであり、例外はあるがその制作の中心におかれたのは『カイエ』誌でも大きな比重を担っていた、映画監督たちへのインタビューだ。八〇年代にいったんの中断を挟み、九〇年代に本シリーズはARTE社にて「映画、我らの時代の *Cinéma, de notre temps*」と名を変えて再開され、近年はCANAL＋社系列局にて製作が続けられている。五〇年を越える本シリーズの歩みは、*La Saga Cinéastes, de notre temps : Une histoire du cinéma en 100 films* (Capricci) という書籍にまとめられた。

本シリーズはもちろん『カイエ』誌発の「作家主義」の伝統を引き継ぐものとしてあり、一九六〇年代の初期作品にはルイス・ブニュエルを皮切りに同時代の巨匠たちが名を連ね、すでにヌーヴェル・ヴァーグの若き映画監督たちも顔を覗かせている。エリック・ロメールは一九六五年にカール・ドライヤーの一篇を撮ったのち、映画監督ではなく同時代の他分野の芸術家を主題とした『セルロイドと大理石』（一九六六）という例外的な作品を手がけているし、あるいはゴダールやトリュフォーらはすでにその被写体として画面に姿を刻んでいる。またゴダールは『軽蔑』（一九六三）に出演したフリッツ・ラングと、一九六七年の『恐竜と赤ん坊：フリッツ・ラングとジャン＝リュック・ゴダールの八つの対話』で共演を果たしてもいる（なお、タイトルの「恐竜」と「赤ん坊」は、映画の「若さ」をめぐる対話の中でお互いを呼び合ったもの、どちらが「恐竜」でどちらが「赤ん

坊」なのかは、ぜひ作品を見てご確認頂きたい)。

同時期の「アメリカへの旅」と題された一九六五年の企画の中では、ジョン・フォードやラオール・ウォルシュ、ジョージ・キューカーらハリウッドの巨匠たちが贅沢に画面を彩る一方で、『アメリカの影』(一九五九)で鮮烈なデビューを飾ったニューヨーク・インディの父たるジョン・カサヴェテスの一篇も撮影されている。監督自身のエネルギッシュな声と振る舞いに、カサヴェテスの作品を見たような気分にもさせられる快活な一篇だった。

本シリーズでは、巨匠たちと彼らに育まれた若き映画監督たちの言葉を通した邂逅が、作品の内側にも外側にも広がっている。その傾向は、必然的にもう一つの方向性を付け加えることになるだろう。すなわち映画監督が、己の敬愛する別の映画監督を題材に、自身の映画を撮るということである。その初期における最も重要な作品が、ジャック・リヴェットの監督した『ジャン・ルノワール、親父さん』(一九六六―六七)だろう。「モチーフの探求」「俳優指導」「偶然と例外」と題された三部構成・計四時間強の本作で、ジャン・ルノワールその人の持つ「俳優」と呼ぶに相応しい声や身振りの魅力の発見が、以後のリヴェットの摩訶不思議な作風の滋養となったことは容易に想像できる。そして後年、リヴェット自身もまた自らの助監督を務めたクレール・ドゥニの手によって、このシリーズに出演することになる(『ジャック・リヴェット、夜警』(一九九〇))。

この傾向は同時代を別の場所で生きる映画監督たちを結びつけた諸作品、たとえばオリヴィエ・アサイヤスによる『HHH:侯孝賢』(一九九七)やペドロ・コスタによる『映画作家 ストローブ=ユイレ/あなたの微笑みはどこに隠れたの?』(二〇〇一)においてより明白になることだが、本シリーズではいかなる作品においても、自作においては往々にして不在と沈黙を余儀なくされる監督たちの姿が、例外なく魅力的に映し出されている。ジャン=ピエール・リモザンによる『北野武 神出鬼没』(一九九九)で蓮實重彥と対話する北野武もまた、私たちが映画やTVで見るその人の姿とは大きく異なるだろう。本シリーズの諸作は、映画監督たちをめぐる歴史的なドキュメンタリーであるとともに、彼らの身振りをあたかも演技のように、彼らの声/言葉を一篇の台詞のように映し出さんとする、ひとつの劇映画でもあるのだ。

09

名前はジョン・フォード。
西部劇を作っている。

—

ジョン・フォード

John Ford

(1894-1973)

アメリカ・メイン州生まれ。西部劇を中心に数多くの名作を世に残した。主な作品に『アイアン・ホース』(1924)『プリースト判事』(1934)『駅馬車』(1939)『怒りの葡萄』(1940)『我が谷は緑なりき』(1941)『荒野の決闘』(1946)『静かなる男』(1952)『長い灰色の線』(1955)『捜索者』(1956)『リバティ・バランスを射った男』(1962)『荒野の女たち』(1966) など。

出典:ピーター・ボグダノヴィッチ『インタビュー ジョン・フォード』、高橋千尋訳、文遊社、2011年、37頁。

「名前はジョン・フォード。西部劇を作っている」——一九五〇年一〇月のアメリカ映画監督協会総会での言葉である。冷戦期のハリウッドでは、共産主義者を排除せんとする「赤狩り」旋風が吹き荒れていた。赤狩り派の急先鋒であった大御所セシル・B・デミルは、協会長のジョゼフ・L・マンキーウィッツを「アカ」呼ばわりし、その解任を画策する。臨時の総会が開かれ、デミル一派が次々と演説をぶつなか、不意に、一人の男が手を挙げる。「名前はジョン・フォード。西部劇を作っている」。そう自己紹介をした男は、デミルをさんざん褒め称えたあとで、彼の方を睨みながら言い放つ。「しかし私はあんたが嫌いだよ」。そして、「マンキーウィッツに信任投票をして、さっさと帰って寝よう」というフォードの提案に誰もが従うこととなるのだった。ほとんど西部劇のワンシーンさながらの、何とも痛快な一幕である。

ここで「ジョン・フォード」と名乗った男は、本名をジョン・マーティン・フィーニーという。一八九四年、メイン州ケイプ・エリザベスでアイルランド系移民の家庭に生まれた彼が、ジョン・フォードを名乗るようになったのは、十二歳年長の兄フランシスの影響だった。一九一四年に小道具係として映画界入りした彼は、当時、フランシス・フォードの名で映画スター兼監督として活躍していた兄にならって、姓をフォードに変えたのである（ただし初期はジョンの愛称であるジャックを名乗っていた）。スタントマンや俳優、助監督をこなし、一九一七年に監督となったフォードは、ハリー・ケリーを主演に、『誉れの名手』や『鄙より都会へ』などの西部劇をてがける。そして一九二四年には、大陸横断鉄道の建設を描く大作『アイアン・ホース』を撮り上げ、いよいよ西部劇の監督として評判を上げる。「ジョン・フォード」と「西部劇」は、その始まりから深く結びついていたのである。

そして一九三九年、フォードは西部劇の古典として名高い『駅馬車』を撮る。駅馬車に乗り合わせた人々の織りなすドラマが、インディアンの襲撃や無法者との決闘といった見せ場を交えつつ、完璧というしかない手つきで語られてゆく。そこには「家庭《ホ》=故郷《ーム》」を希求する人というフォード映画の重要なテーマも見て取れる。トーキー以後、下火となっていた西部劇を復活させるとともに、岩山の聳えるモニュメント・バレーとジョン・ウェインというふたつの「西部劇スター」を生み出したという意味でも記念すべき作品である。戦後も、フォードは『荒野の決闘』(一九四六)や『三人の名付親』(一九四八)、騎兵隊三部作、そして『幌馬車』(一九五〇)と、西部劇の名作を世に送り出してゆく。

しかしフォード西部劇の真骨頂をなすのは、『捜索者』(一九五六)から『馬上の二人』(一九六一)、『リバティ・バランスを射った男』(一九六二)を経て『シャイアン』(一九六四)に至る晩年の作品群だろう。そこにあるのは、インディアンに連れ去られた身内を奪還しようとする者の物語やインディアンのもとから連れ帰られた者の物語、人知れず無法者を葬り去った男の物語、故郷を目指すインディアンたちの物語だ。そこでは、男性/女性、インディアン/白人、ヒーロー/無法者といった西部劇にお馴染みの二項対立が、文字通り根底から問い直される。そして「家庭《ホ》=故郷《ーム》」なき単独者たちのドラマが繰り広げられる。たとえば『捜索者』と『リバティ・バランスを射った男』で、ともにウェインが演じたイーサン・エドワーズとトム・ドニファンの孤独なる自己犠牲を思い出そう（それは、遺作『荒野の女たち』（一九六六）の女性医師に引き継がれる）。そう、フォードの西部劇はたんに古典的なのではなく、きわめて現代的でもあるのだ。それは極度に抽象的、峻厳、崇高でありながら、ひたすら人間臭く、感動的である。

フォードの映画は、オーソン・ウェルズ、ストローブ＝ユイレ、ヴィム・ヴェンダース、クリント・イーストウッド、スティーブン・スピルバーグなど数えきれない監督に影響を与えてきた。「名前はジョン・フォード。西部劇を作っている」。この簡潔な自己紹介にはやはり、とんでもない重みがあるのだ。（角井誠）

『捜索者』

10

行動というのは
危険をともなう場合にしか
存在しない。

ハワード・ホークス

Howard Hawks

(1896-1977)

アメリカ・インディアナ州生まれ。学生時代に米パラマウント映画社の前身となるスタジオで小道具係、舞台装置のアルバイトを経て、映画界に足を踏み入れ、第一次大戦後にフォックス映画にて1926年に長編劇映画監督として第一作『栄光の道』を手がける。主な作品に『暗黒街の顔役』(1932)『赤ちゃん教育』(1938)『ヒズ・ガール・フライデー』(1940)『三つ数えろ』(1946)『赤い河』(1948)『モンキー・ビジネス』(1952)『紳士は金髪がお好き』(1953)『リオ・ブラボー』(1959)『ハタリ!』(1961)など。

出典:「ハワード・ホークスに聞く」、『作家主義 映画の父たちに聞く』所収、奥村昭夫訳、リブロポート、1985年、202頁。

ハワード・ホークスは、単純明快、痛快無比な映画をつくり続けた。たとえば西部劇『リオ・ブラボー』（一九五九）では、メキシコ国境近くの街の保安官事務所に立てこもるジョン・ウェインとその少数の味方、それを取り囲む大勢の悪党との攻防戦が描かれる。航空映画『コンドル』（一九三九）では、悪天候のなか、命がけで郵便物を運ぶために飛行するパイロットの姿が描かれる。また、スクリューボール・コメディの『ヒズ・ガール・フライデー』（一九四〇）では、新聞編集者のケイリー・グラントが、元記者で元妻のロザリンド・ラッセルの記者への復帰と再婚をかなえるべく、あらゆる策を弄する様を描いている。

ジャック・ベッケル、ジャック・リヴェット、フランソワ・トリュフォーという、今からすれば超豪華なヌーヴェル・ヴァーグ（ベッケルは兄貴分）のメンバーによるインタビューの「行動というのは危険をともなう場合にしか存在しない」というホークスの発言も、前後の発言である「ぼくにとっての最高のドラマというのは、自動車レースをめぐるものであれ、飛行機の操縦をめぐるものであれ、あるいは西部劇であれコメディであれ、危険に直面した人間を主題とするドラマなんだ」「そして問題は、そこから生きてぬけ出すことができるのか、あるいはそこで死んでしまうのかということだ」という発言と合わせて考えてみると、至って単純かつ凡庸かつ普遍的な物語（ドラマ）のひとつのパターンを述べているに過ぎないことがわかるだろう。そして、ホークス的主人公は直面した危険を乗り越えることだけに専心し、失敗することを少しも考えず、そこを乗り越えていくだろう。もちろん、ホークスの物語にフラッシュバック（回想シーン）などないのは言うまでもない。また、それに伴う感傷主義（センチメンタリズム）も微塵もない。すべてストレート（直線的）な「現在」の物語である。

では、物語の内容ではなく、形式の方はどうだろうか。先のインタビューで影響を受けた映画作家に質問が及んだときにホークスはF・W・ムルナウの名を挙げ、とりわけ『サンライズ』（一九二七）のカメラの動きに深い感銘を受けたことを告白し、自身も、カメラによる効果をあれこれ用いながら、サイレント映画の『雲晴れて愛は輝く』（一九二七）をつくったと述べ、次のように言っている。「でもその一本だけで、そのあとは、どんな小細工も弄したこともない。ぼくは自分の物語を、カメラを目の高さに置きながら、まさに君たちが見るようなやり方で、最も単純なやり方で語ろうと努めている」。つまり、ホークスの映画ではスローモーションやコマ落としや奇抜なアングルのような「小細工」は一切使われておらず、移動撮影も、切り返しショットも、クロース・アップも極力使用せず、適切な箇所でのみ使用するにとどめ、人間の目の高さに置かれたカメラを適度な距離に据えて、人間や動物の行動を自然と目で追うように、追っているに過ぎないのだ。

以上のような、物語の内容と形式の「単純さ」という要因によって、ホークスは一九四〇年代の十年間途切れることなくヒット作を世に送り続けたにもかかわらず、映画作家と認められない結果となり、またそれとまったく同じ理由によって「明白さとは、ホークスの天才の目印である」と書き始められた、一九五三年五月の『カイエ・デュ・シネマ』誌上に掲載されたジャック・リヴェットのホークス論を契機として、映画作家と認められる結果となったのだ。

『赤ちゃん教育』

しかし、ホークスがカメラを向けると、歴史とか時代とか、思想とか意味とかが消えて行き、関係と運動だけがあって実体がない、透明な世界が出現する。そこに映画がある。映画だけがあるとでも言えば、まるく収まるのだろうか。何度見てもさっぱりわからない『三つ数えろ』(一九四六)には「全編に漂う薄ら笑い」(リヴェット)にふるえて眠るしかないのか。『ハタリ!』(一九六一)の一五八分に代表される晩年の上映時間の長さをたんなる「老い」に還元してしまっていいのだろうか。(安井豊作)

11

反射してますか？／反射してください。

―

溝口健二

Mizoguchi Kenji

(1898-1956)

東京生まれ。女性映画の巨匠と呼ばれ、ヴェネツィア国際映画祭での受賞を始めとし、国際的に最も認知された日本人映画監督の一人。主な作品に『瀧の白糸』(1933)『浪華悲歌』(1936)『祇園の姉妹』(1936)『残菊物語』(1939)『西鶴一代女』(1952)『雨月物語』(1953)『近松物語』(1954)『赤線地帯』(1956)など。

出典：正確な初出は不明（溝口作品出演俳優・スタッフの証言多数）

撮影現場にて、芝居にのぞむ役者に溝口健二がつねづね投げかけていた言葉。自身を起点に発する芝居ではなく、相手の言動に「反射」する、受ける芝居が重要であると、この映画作家はいう。こんにちならばさしずめ「リアクション」だろうか。ならば「反応」でもよかったろうに。物理的／生物学的な用語としてのこの「反射」という言葉のうちに、人間の意識や意志は存在できないのだから。すると、人間ドラマの名手として鳴らした溝口はその実、演者に内面よりも反射神経をこそ要求しながら、アクション映画でも撮っていたつもりだったのか。

芝居や活動写真を見てまわり、絵画や文学に没頭しながらも無職でぶらぶらしていた溝口青年が映画界に入ったのは一九二〇年のこと。入社した日活向島撮影所で監督した『愛に甦る日』（一九二三）が、そのキャリアの出発点となる。関東大震災後に京都の日活大将軍撮影所に移って以降は、彼のトレードマークとなる明治ものをはじめ、音楽と映画のタイアップを試みた『東京行進曲』（一九二九）、現存する日本最古の長篇トーキー映画『ふるさと』（一九三〇）など多くの作品を発表。日本映画の最初の黄金期と呼ばれる一九三〇年代中盤〜後半には、『浪華悲歌』（一九三六）、『祇園の姉妹』（一九三六）、『残菊物語』（一九三九）といった力作をものし、「溝口スタイル」のひとつの極致を提示してみせた。

「戦中／戦後」の枠組みで語られがちな一九四〇年代のフィルモグラフィには、長回し技法の先鋭化と相まって史上もっともハードコアな忠臣蔵映画と呼びうる『元禄忠臣蔵　前後篇』（一九四一－四二）や、『我が恋は燃えぬ』(一九四九)などのラディカルなフェミニスト映画が含まれており、近年再評価が著しい。ヴェネツィア国際映画祭で国際賞を受賞した『西鶴一代女』(一九五二)以降の活躍に関しては多言を要すまい。『雨月物語』(一九五三)や『山椒大夫』(一九五四)などへ与えられた高評価から、「日本的」という奇妙なレッテルを貼られることになる溝口だが、永遠に問題含みの遺作『赤線地帯』(一九五六)などはとりわけ、同時代と向き合う彼の視線の苛烈さとそのねじれを端的にあらわしているようだ。

溝口の「反射」は、彼の演出システムの一端をになう。舞台の周到なセッティングのなかへ投げこまれた溝口の俳優たちは、いかに演じればいいのか分からぬままに、延々とつづくダメ出しに耐えなければならない。どうダメなのかを一切口にせず、役者

『近松物語』

本人にひたすら考えさせつづけたという溝口が、しかし例外的に投げかけたヒントがこの言葉だった。試行錯誤の果ての「反射」、とはまたずいぶんおかしな話だ。「反射」に準備がいるのだろうか？　思考の限界のキワで、馬鹿になれということか？

役者に求められていたのは、共演者の芝居に「反射」することだけではなかったはずだ。溝口の、「ときに罵詈雑言の形を取ったとも言われるその働きかけに「反射」し現場の環境に「反射」すること」もまた、要求されることになったのだから（木下千花『溝口健二論　映画の美学と政治学』〔法政大学出版局〕）。たとえば、究極の溝口的ヒロインとも言うべき、『残菊物語』の森赫子。彼女は相手役の花柳章太郎のみならず、セットやカメラやライティング、あるいはマイクの存在にうながされ、まさにこれしかないという方向に向かって「反射」する。ここでは彼女の視線の方向性と顔の角度そのものが、そのまま映画的瞬間を構成する。あるいは、歩いたり歩かなかったり、立ったり座ったり臥せつづけていたり、話したり絶句したりといった彼女の行為がその即時性のうちに、息の長いショットを駆動させていく。

撮影中、役者の芝居を見つめながら溝口は、しばしば興奮と緊張でぶるぶると震えていたという。溝口映画をみる体験とは、「反射」の網の目のなかに確かに存在する、フィルムのアクションとその震えを感得することなのだろう。（長門洋平）

12

映画は現在進行形で死を捉える芸術だ。

―――

ジャン・コクトー

Jean Cocteau

(1889-1963)

フランス・エソンヌ県生まれ。詩人、小説家、劇作家、評論家としても多くの優れた作品を残し、映画監督としても後続の世代に大きな影響を与えた。主な作品に『詩人の血』(1932)『美女と野獣』(1946)『オルフェ』(1950)『恐るべき子供たち』(1950)『オルフェの遺言』(1960)など。

出典:正確な初出は不明(原語では « Le cinéma, c'est filmer la mort au travail.»。『ゴダール全発言・全評論Ⅰ』(筑摩書房)におけるゴダールの述懐では、『オルフェ』の中における言葉として「死神が仕事をしているところを捉える」と訳されている)。

私がこの言葉を最初に目にしたのは、実はコクトー自身の言葉としてではなく、『オルフェ』（一九五〇）の頃にコクトーがこう述べたとするゴダールのインタビュー（『カイエ・デュ・シネマ』一三八号）[*1]の中で、である。コクトー自身がいつどこで発言したのかは記されていないのだが、確かに『オルフェ』における鏡についてコクトーは「人は鏡を見る時、死が自分に働きかけているのを見る」、つまり自分の老いという形で我々自身が「現在進行中の死」を見ることができる、と述べていた。もしかするとゴダールはその言葉を念頭に置きながらコクトーの言葉を自ら変形したのかも知れない。表題となった言葉に続けてゴダールは「撮影される人物は現に年老いつつあり、やがては死ぬだろう。だからいままさに進行しつつある死の瞬間をフィルムに収めるのだ」と述べてもいるからだ。

この言葉を口にした時、あるいはアンドレ・バザンの『映画とは何か』に収められた「すべての午後の死」[*2]における、「時間の芸術である映画は、時間を繰り返すという途方もない特権を持っている〔…〕死は、映画によって、鎮魂の祈りもなしに、何度も繰り返されるものになってしまった！」といった箇所をゴダールは思い浮かべていたのかも知れない。バザンは一九四九年の春に「それ（写真）は死にかけた人とか屍体とかを見せることはできるけれども、死にかけた人から屍体へと至る推移をとらえることは全然できない。上海の反共産主義者たちによる弾圧の際に、広場でピストルの射撃によって処刑される共産〈スパイ〉たちの、幻覚めいた記録フィルムを見ることができた。注文によって何度か上映されるたびに、その男たちは何度も生き返り、同じ弾

『オルフェ』

丸が撃ち込まれて、彼らの襟首を揺すぶった〔…〕その客観的な残酷さによってよりも、その一種の存在論的な猥褻さによって、耐えがたい見せ物だった。映画が発明される前には、われわれは、屍体を冒瀆することも、墓地をあばくことも知らなかった」とも書いている。

何度となくコクトーへの賛辞を惜しまなかったバザンだが、『詩人の血』（一九三〇）以来、不死の人物を描くことに執心し、逆転撮影のようなトリックを好んで用いたコクトーに少々非難めいた視線を送っているようにも思えるこの箇所は、しかし同時に現代においてなおコクトーの重要性を予見している文章でもある。

超現実的な『オルフェの遺言』（一九六〇）と、ロッセリーニの『アモーレ』（一九四七）に触発されて自作戯曲を撮った『恐るべき親たち』（一九四八）のコクトー映画の二つの側面は、「不死の（あるいは超現実的な）登場人物を演じる俳優たちの『現在進行中の死』をとらえる上演のドキュメンタリーとしての映画」としてジャック・リヴェットの映画に受け継がれていった。現代においてもアルベルト・セラ『ルイ十四世の死』（二〇一六）が表題の言葉（あるいはバザンの「死にかけた人から屍体へと至る推移をとらえる」という言葉）から自作を出発させたように、コクトーの映画と言葉は依然として現在の映像の作り手を触発している。

この言葉は映画館にのみ「動画」が存在した時代に発言されたものだが、生者と死者の動画イメージがデジタルメディア、あるいはインターネットをはじめ至る所で混合され（だから現在においては単純にイメージ＝不死＝幽霊を示すものであるとは言えない）、日常的に人々を脅かす時代となった現代に、もはや芸術の範囲を超えた新たな問題を提起してもいる。それを予見したのはラウル・ルイスやアラン・ロブ＝グリエといった人々であり、彼らもすでにこの世の人ではないが、コクトーとともに依然として参照されるべき人々なのである。（赤坂太輔）

註

1 「ジャン＝リュック・ゴダールに聞く――初期の四本の映画がつくられたあとで」、『ゴダール全発言・全評論―』所収、奥村昭夫訳、筑摩書房、一九九八年。

2 『小海永二翻訳選集 第4巻 アンドレ・バザン 映画とは何か』所収、丸善、二〇〇八年。

13

映画は
ローカルなものであるほど
より普遍的になる。

―

ジャン・ルノワール

Jean Renoir

(1894-1979)

フランス・パリ生まれ。戦前・戦後フランス映画を代表する監督の一人にして、ヌーヴェル・ヴァーグの世代にも大きな影響を与えた。主な作品に『女優ナナ』(1926)『素晴らしき放浪者』(1932)『トニ』(1935)『大いなる幻影』(1937)『ゲームの規則』(1939)『スワンプ・ウォーター』(1941)『黄金の馬車』(1953)『草の上の昼食』(1959)など。

出典：正確な初出は不明(原語では«Plus c'est local, plus c'est universel»と記される)。

「脳味噌くたばれ、官能万歳！」。何とも痛快なこの一言は、印象派の画家オーギュスト・ルノワールの次男にして、ヌーヴェル・ヴァーグの監督たちから「親父」と慕われたフランス映画の巨匠ジャン・ルノワールのものである。映画にとって大切なのは、大仰な理論や思想なんかよりも、俳優や自然、事物を前にした「官能的な喜び」なのだ。じっさい、彼の映画には、俳優たちの熱っぽい表情や仕草、風にそよぐ木々のざわめき、きらきらと揺らめく水面といった具体的なディテールが生々しく息づいている。『素晴らしき放浪者』（一九三二）でミシェル・シモン扮する放浪者ブーデュが水と戯れる場面や、『ピクニック』（一九三六）の川岸の茂みでの、この上なく美しく、そして悲しいキスシーンを見て欲しい。「ルノワールの映画は事物の肌でできている」という映画批評家アンドレ・バザンの言葉が比喩でも何でもないのがわかるはずだ（アンド

『ピクニック』

レ・バザン『ジャン・ルノワール』（フィルムアート社））。

そんなルノワールの有名な言葉に「映画はローカルなものであるほどより普遍的になる」というものがある。普遍的名作を目指して大袈裟な映画をつくるよりも、カメラの前にある具体的な事物に即したローカルな映画をつくる方が、結果的に、空間や時間の隔たりを超えて人々の心を打つ「普遍的」な作品たりうるというわけだ。いかにもルノワールらしい力強い逆説だと思う一方で、この言葉は少し単純過ぎる気がしないでもない。そもそも、この名高い発言は出典からして明らかではないのだ。

確かに、ルノワールは一九三〇年代からすでに似たようなことを言っている。多くの国の観客に受け入れられるよう、いろんな国の素材を混ぜ合わせた「国際派映画」なる代物は、結局、誰の心にも響かない。それぞれの国ならではの「ナショナルな映画」をつくって、自分の「よく知っていること」を映画にしてこそ、他の国の観客にも届くというのである（『ジャン・ルノワール　エッセイ集成』（青土社））。『ゲームの規則』（一九三九）はまさに、そうした信念の産物であっただろう。

そして第二次大戦とともにアメリカに亡命することとなったルノワールは、異国で映画をつくることを余儀なくされる。ハリウッドで彼が好んで映画の題材としたのは、フランスではなく、荒々しいアメリカ南部の世界であった。『スワンプ・ウォーター』（一九四一）のためのロケで、ジョージア州の湿地帯を訪れた彼は、現地の人々と自然の虜になってしまう（ちなみに本作の脚本はジョン・フォードの数々の名作を手がけたダドリー・ニコルズ）。そしてアメリカ時代の傑作『南部の人』（一九四五）では、テキサスを舞台に、荒れ果てた大地と格闘する農夫とその家族を描いてみせた。一九四四年の書簡には、「われわれには目の前にあるものしかうまく描くことができない」のであり、「映画はローカルなものであり続けることが大切なのだ」とある。異国の地で具体的なものへの信念はいやまして強固なものとなったのである。

だが事情はもう少し複雑だろう。生まれ故郷フランスと違って、ルノワールはその土地を本当に「よく知っている」わけではないのだから。『南部の人』において彼は、リアリズムに徹底してこだわる一方で、人間、動物、自然の描き出す万物の普遍的な調和を描こうとしていた（『ジャン・ルノワール自伝』（みすず書房））。だから、それはローカルなものと普遍的なものが入り交じった、この上なく具体的であると同時に極度に抽象的な世界、あえていえば、どこにもないユートピア的な世界なのだ。同じことは、インドにロケした『河』（一九五〇）、イタリアで撮られた『黄金の馬車』（一九五二）、フランスで撮られた『フレンチ・カンカン』（一九五四）、『恋多き女』（一九五六）にも当てはまる（アメリカ市民権を取得し、戦後もアメリカで暮らし続けたルノワールにとってフランスはもはや一種の「異国」であった）。

ルノワールにとって、ローカルなものと普遍的なものとの関係は、件の発言におけるより複雑なものだったのではないか。だからこそ、ローカルとグローバルが複雑に絡み合う現代においてなお、ルノワールの映画は力強くわたしたちの心に響くのだ。（角井誠）

14

映画は「人民の、人民のための、人民による」芸術だ。

—

フリッツ・ラング

Flitz Lang

(1890–1976)

オーストリア・ウィーン生まれ。戦前ドイツにおける代表的な映画監督として活動を始めるも、1933年にナチスを逃れ亡命。以後はハリウッドを中心に映画製作を続けた。主な作品に『ドクトル・マブゼ』(1922)『メトロポリス』(1927)『M』(1931)『激怒』(1936)『死刑執行人もまた死す』(1943)『飾窓の女』(1944)『復讐は俺に任せろ』(1953)『条理ある疑いの彼方に』(1956)など。

出典：フリッツ・ラング『映画監督に著作権はない』、井上正昭訳、筑摩書房、1995年、17頁。

ドイツからアメリカへ、そして再びドイツへと、亡命映画作家フリッツ・ラングの軌跡は見事に円環を描いて閉じる。

ラングは一九世紀末のウィーンに生まれた。初めは父親の職業である建築を学んだが、一九一三年、画家になることを決意してパリに出る。しかし翌年、第一次大戦が勃発し、やむなくフランスを出国。ウィーンに戻るとオーストリア軍に入隊し、各地で勇敢に戦うが、一六年に大きな負傷をする(この時の眼の怪我があの片眼鏡のきっかけになったという)。映画のシナリオを書き始めたのもこの頃だった。

一九一八年、ラングはエーリッヒ・ポマーと知り合い、彼の製作会社デクラに入ると同時にベルリンに移住し、ドイツ国籍も取得。翌年『混血児』で監督デビューを果たす。やがて彼は、二番目の妻となるテア・フォン・ハルボウと出会い、彼女の脚本で『ドクトル・マブゼ』(一九二二)『ニーベルンゲン』(一九二四)『メトロポリス』(一九二七)等々のドイツ映画史に残る傑作を次々と発表し、ドイツ映画の頂点にまで上り詰める。

ところが一九三三年のある日、ラングはナチの宣伝相ゲッベルスに突然呼び出される。彼はヒトラーを揶揄したとも取れる映画『怪人マブゼ博士』(一九三三)を完成させたばかりで、しかも母親が元ユダヤ教徒という微妙な立場だった。だが、驚いたことに、ゲッベルスは、ラングにドイツ映画の指揮を取らせるようにとヒトラーから申し渡されていたのだった。ラングは親ナチの妻を後に残し、その日のうちにパリ行の夜行列車に乗ってドイツを立ち去る。

ラング自身が語った名高い逸話であるが、ほぼでっち上げであることが今ではわかっている。ともあれ、この会見から程なくして彼はドイツを抜け出し、一時フランスに滞在した後、三四年にアメリカに渡り、そして三六年、MGMで初のアメリカ映画『激怒』を撮り上げる。五〇年代末までつづく長いアメリカ時代の始まりだった（その後、彼は戦後の西ドイツに戻り、三本のドイツ映画を撮った後に引退する）。

さて、このリンカーンをもじったラングの言葉は、ボグダノヴィッチによるインタビュー『映画監督に著作権はない』（筑摩書房）の中で、ラングが『激怒』について語った時のものである。ドイツ時代、ラングは自ら脚本に参加し、カメラを覗き、編集にも加わった。そこでは彼はいわば独裁者だった。しかしハリウッドでは、映画監督は脚本を映像にする現場監督に過ぎず、編集権もなかった。この言葉は、彼のそんな体験を反映していると同時に、アメリカ映画の根底にある〈民主主義〉とでも呼ぶべき何かを語っている。

ナチを拒んだとき、ラングは以前のような映画はもう撮れないことにも気づいていた。ドイツ時代の作品には、ファシズムを呼び寄せてしまう何かがあったのかもしれない。スペクタクルとファシズムの関係をもう一度問い直して見る必要があった。『激怒』を見れば何かが大きく変わったことがわかる。無実の主人公が暴走する群衆によってリンチにかけられるという物語は、ドイツ時代の『M』（一九三一）を思い出させる。しかし『激怒』の主人公は、『M』の主人公のような怪物めいた異常者ではなく、平凡な一市民にすぎない。彼のアメリカ映画からはマブゼのような誇大妄想的な超人はいなくなる。それと同時に、装置も、照明も、構図も、演技も平板なものに近づく。ドイツ時代の作品は、装置、照明、カメラの動き、すべてが力強いスタイルを打ち出そうとする意思に貫かれていたが、アメリカ時代の作品にはそういう押し付けがましさはもはやない。映画が〈大衆芸術〉であることの真の意味を、ラングはアメリカで初めて知ったのだった。

彼はアメリカの民主主義を本気で信じようとしていた。ただ、一方で、主人公が最後に法廷でアメリカへの深い幻滅を語る『激怒』に始まるラングのハリウッド時代の作品が、民主主義の根幹を支える〈正義〉について時にペシミスティックに問いかけていたことを忘れてはならない。（井上正昭）

『M』

サスペンスとは
女のようなものだ。

アルフレッド・ヒッチコック
Alfred Hitchcock

（1899–1980）

イギリス・ロンドン生まれ。ケーブル会社の技術部門で働きながら絵を学び、その後映画のタイトルデザインや字幕を書く仕事につき、映画界入りした。サスペンス映画の巨匠として知られる。主な作品に『快楽の園』（1925）『恐喝（ゆすり）』（1929）『三十九夜』（1935）『レベッカ』（1940）『汚名』（1946）『めまい』（1958）『サイコ』（1960）『鳥』（1963）『ファミリー・プロット』（1976）など。

出典：英・『Films & Filming』誌、1959年のインタビュー。

「サスペンスの巨匠」という常套句にとどまらず、いわば「映画監督」という職業そのものの代名詞とも言えるような存在。さらに、かつてジャン=リュック・ゴダールからは、「宇宙のコントロール」を成し遂げた人物とまで賞賛された映画監督、それがアルフレッド・ヒッチコックである。

『下宿人』（一九二七）、『バルカン超特急』（一九三八）など、イギリス時代から数々の傑作を発表し、名声を確立していたヒッチコックであったが、ハリウッドの名プロデューサー、デイヴィッド・O・セルズニックの求めに応じ、渡米を決意する。これが彼の人生にとって大きな転機となった。以後、『汚名』（一九四六）、『裏窓』（一九五四）、『北北西に進路を取れ』（一九五九）、『サイコ』（一九六〇）など、世界映画史に燦然と輝く傑作を次々と発表し、ヒッチコックは「サスペンスの巨匠」として絶大な人気を博していく。その演出手腕は批評家からも高く評価され、ヌーヴェル・ヴァーグの監督たちが顕揚した「作家主義」においては、ハワード・ホークスと並び、最も優れた映画監督として崇められた。

ヒッチコックはなぜ「サスペンスの巨匠」であるのか。それは彼が観客の心理を誰よりも巧みに捉え、物語世界の只中へとわれわれを巻き込むことに成功しているからだ。ヒッチコックは、フランソワ・トリュフォーがインタビューを行った名著『定本 映画術 ヒッチコック／トリュフォー』（晶文社）をはじめ、様々な機会に自らの専売特許である「サスペンス」の説明をしている。そんな中、ヒッチコックはあるインタビューにおいて、「サスペンスとは女のようなものだ」という言葉を残している。

『裏窓』

なぜ「サスペンス」と「女」がイコールなのか。それはどちらも謎の多さが見る側を強く惹きつけるからである。あの美しい女は一体何者なのか。出自や職業など、女の正体が謎めいていればいるほど、男たちは半ば恐れをなしながらも、徐々にその人物へと引き込まれていく。

謎について語るわりに、ヒッチコックの発言の意図はいたってシンプルに見える。さらに男性中心主義的な差別意識が透けて見えるのも事実だ。だが彼の主眼は美しい女性ではなく、むしろ見る側の根本的な態度に関わっている。

映画観客は派手なスペクタクルを単に眼で見るよりも、頭で色々と考えている時の方がサスペンスを堪能している。というのも、われわれは映画を見る際、目の前にあるイメージをすべて完璧に理解して見ているわけではないからだ。この登場人物の言動はどういう意味なのか、彼らはこの後どうなるのか、主人公は無事に目的を達成できるのか。こうした、曖昧なイメージの中にいわば別のイメージを幾重にも積み上げていく観客の想像力（妄想）こそが、映画のサスペンスを盛り上げていくことになる。

ヒッチコックは傑作『めまい』（一九五八）において、サスペンスと女を文字通り重ね合わせている。主人公スコティ（ジェームズ・スチュアート）は、最近不審な行動を繰り返しているという旧友の妻マデリン（キム・ノヴァク）を、依頼に応じて車で尾行する。カーチェイスと言えばサスペンスの王道だが、ここで展開される緩慢なカーチェイスが醸し出す独特の雰囲気は実に素晴らしい。観客はスコティと同様、彼女が何のために街を彷徨い続けているのかよくわからない。謎が謎のまま物語は展開していく。この時、観客は「サスペンス」という言葉の本来の意味通り、得も言われぬ不安を抱えた「宙吊り状態」に置かれている。しかし、スコティがいつしかマデリンに熱烈な恋をしてしまうように、われわれ観客も、様々な想像を膨らませながら知らぬ間に彼女の魅惑に取り憑かれてしまう。すでに結末を知っているヒッチコック映画を何度見ても楽しめる理由の一端がここにある。観客は想像力を通して、それぞれのヒッチコック的サスペンスをその都度新たに生み出しているのだ。ヒッチコックは、観客の心理を巧みにコントロールすると同時に、想像力という大きな自由もわれわれに与えているのである。（木原圭翔）

『定本 映画術 ヒッチコック／トリュフォー』──バイブルの読み方、読まれ方

文＝降矢聡

一九六二年にフランソワ・トリュフォーがヒッチコック監督に行ったインタビューをまとめた伝説的書物『定本 映画術 ヒッチコック／トリュフォー』（晶文社／以下『映画術』）をベースにし、当時の音源や一〇人の現役映画監督たちのインタビューなどを交えて構成された映画『ヒッチコック／トリュフォー』では、ヒッチコックあるいはトリュフォー、そして本書が与えた影響力を伺い知ることができる。もちろん各々の発言の連なり、または本書の抜粋には、監督であるケント・ジョーンズによる編集が入っていることは忘れてはならないわけだが。

「思いのままに時間を操るのが映画の楽しみ」と言い、有名な「サプライズとサスペンス」の違い、俳優の扱い方やオブジェの役割、さらには映画の力＝大衆にエモーションを生み出すこと等々を惜しみなく語り、語られるヒッチコック。

『映画術』が持つ多種多様な話題を一本の映画の中に収めたこの映画の中で、例えばデヴィッド・フィンチャーはヒッチコックの巧みな時間の収縮や編集について言及する。また、ヒッチコックの映画に「映画空間の理論」、「ヴィジュアルな理論」を見出すのはオリヴィエ・アサイヤスやウェス・アンダーソンだ。

「画面づくりも美しく正確だ」と語るウェス・アンダーソンの監督作『ライフ・アクアティック』（二〇〇四）に、『裏窓』（一九五四）のアパートメントを想起させずにはいられない潜水艦の断面図ショットがあったことが頭に浮かぶ。同じように『ゾディアック』（二〇〇七）の夜走るタクシーを追う幾何学的な俯瞰移動ショットはどうだろうか。ヒッチコックについて語る彼らの作品の中に、ふとその関連性を見て取ってしまうのは致し方ないことだし、監督について語る監督の味わい方の一つでもある。

もちろん関連性だけではない。『鳥』（一九六三）のなかで街を上空から捉えたショットについてヒッチコックが「ロングで全景を撮れば細部が省ける。面倒な消火作業など撮らずにすむ」と非常に効率的な観点から話すのに対し

て、そのショットに「黙示録的イメージ」を読むスコセッシや「神の視点のようだ」と語るリチャード・リンクレイターらのこの温度の違い、語られるものと語る者のすれ違いにこそ、語らうことの醍醐味があるとすら感じられて実に面白い。

『映画術』は、ポール・シュレイダーが言うように「職人芸として技術面を惜しみなく衒いもなく語った」ものとして長らくバイブルのように扱われてきた。

しかし、映画監督（すべての作り手と言ってもよいかもしれないが）にとって、具体的に書かれていればいるほど、お手本の取り扱いには注意が必要だ。黒沢清は『映画術』を「バイブルのように思いつつ絶対に真似だけはしてはならない」と肝に命じているという。明かされた映画の術を自家薬籠中のものとして、さらにその一切を裏切ること。すべてのバイブルはそのように読まれなくてはならない。

『汚名』（一九四六）の名高い長い長いキスシーンについて、悪魔的なカットと評しつつ「ずっと顔を撮っている分それ以外がどうなっているかまったくわからない」と言う黒沢清は、まったく別の機会に自作『ドッペルゲンガー』（二〇〇三）のあるショットを例に、『汚名』のキスシーンと同様のことを語っている（『建築の際』（平凡社）参照）。そこではAのショットのあとに、全く同じ角度から少し寄ったA'のショットが繋げられる。すでに知っている範囲から一歩も出ることのない一連のショットから感じるのは、今見えている画面、フレームの外には一体なにが隠されているのか（あるいはその二つのショットで隠された時間は何なのか）という神経を逆撫でするような感覚だ。ここに映画というものが「根本的に備えている出来損ないで異様な本質」がある、と。

かたやヒッチコック映画に完璧な世界を見る者、一方で出来損ないで異様な映画の正体を垣間見る者。バイブルとは実にやっかいな代物である。

どうして事物を操るのでしょうか？

―

ロベルト・ロッセリーニ

Roberto Rossellini

(1906-1977)

イタリア・ローマ生まれ。脚本家としてキャリアをはじめ、戦後イタリア映画におけるネオレアリズモを代表する監督の一人として世界的な名声を得る。主な作品に『無防備都市』(1945)『戦火の彼方』(1946)『ドイツ零年』(1948)『ストロンボリ』(1950)『ヨーロッパ1951年』(1951)『イタリア旅行』(1954)『ロベレ将軍』(1959)など。

出典：アドリアーノ・アプラ編『ロッセリーニ／私の方法』、西村安弘訳、フィルムアート社、1997年、138頁。

ロベルト・ロッセリーニは、ネオレアリズモを代表するイタリアの映画作家であり、戦後に始まる「現代映画」の嚆矢と目されてきた。第二次大戦下より手腕を買われていたが、その名を世界に知らしめたのは戦後に作られた一連の作品――『無防備都市』（一九四五）、『戦火のかなた』（一九四六）、『ドイツ零年』（一九四八）など――だった。映画はいまやスタジオ内のセットで展開される絢爛豪華な虚構の世界を抜け出て、現実の地に降り立った。ときには素人俳優を起用することもいとわず、より現実に根ざした作品世界が構築される。廃墟と化した貧しい都市の景観は、その実豊かな創造に満ち溢れている。ネオレアリズモはイタリア民衆がドイツ軍から解放された戦後社会の開幕を告げるとともに、慣習的な話法や撮影方法と縁を切った新しい映画を体現し

『イタリア旅行』

た。ロッセリーニはそうしたイタリア戦後映画の潮流を代表する監督である。

スウェーデン出身のハリウッド女優イングリット・バーグマンはロッセリーニ作品に感銘を受け、思わず彼にラヴコールを送った。『ストロンボリ』（一九五〇）を共作した二人はたちまち恋に落ちて不倫関係となり、世界中を賑わすスキャンダルを巻き起こした。『ヨーロッパ一九五一年』（一九五二）や『イタリア旅行』（一九五四）など、ミューズを得た映画作家は夫婦間の齟齬や人間関係の不条理を主題にまた新たな段階へと果敢に入り込んでいく。イタリア国内ではスターにうつつを抜かしたと難じられるなか、フランスではアンドレ・バザンをはじめとした批評家がロッセリーニを擁護し、それは個人的な映画を訴えるヌーヴェル・ヴァーグの誕生を促していく。ロッセリーニはほどなくバーグマンと別れるも、その後も勢いを衰えさせはしなかった。おもにテレビに活動の場を見出した彼は、この新興のメディアの渦中で多くの教育番組を手掛けていく。つねに時代の先端を走って止まることがなかった。

ここに引かれた発言は、映画雑誌『カイエ・デュ・シネマ』第九四号（一九五九年四月）に発表されたインタヴューに読まれる。聞き手のフェレイドゥン・ホヴェイダとジャック・リヴェットは公開前に特別に見せてもらった『インディア』（一九五七―五九）をめぐって質問していくが、〈ネオレアリズモ時代〉と〈バーグマン時代〉を経たロッセリーニにとって、『インディア』は転機を画す作品といっていい。彼は映画の次に登場してきたテレビという「ニューメディア」を視野に入れ、そこで新たな方法そのものを探りだそうとしていた。しかしそれは、この発言に読まれるように、むしろ原点回帰という様相をとる。彼は目の前に存在している事物をありのままに撮影することを訴え、編集などによって別の意味づけを施すことを敢然と拒否する。モンタージュはいまや本質的なものではないと断言する彼は、「事物がそこにある。なぜそれを操作するのか」と啖呵を切ってみせたのだ。

むろん、ロッセリーニはかつて自作を果敢に擁護してくれたアンドレ・バザンの論旨を引き継いでいる。実際、ここで聞き手を務めるホヴェイダとリヴェットは、バザンの論考「禁じられたモンタージュ」を引き合いに出し、監督の真意を探ろうと質問を繰り出していく。バザンの文章を文字通りに受け取り、『インディア』の矛盾を突こうとする二人に対し、ロッセリーニが巧みに受け答え、自作の狙いを解説していくくだりはこのインタヴューの白眉にちがいない。また、前年にあたる一九五八年、アンドレ・バザンは映画とテレビを主題にジャン・ルノワールとロッセリーニの二人の対談を企画している(『フランス・オプセルヴァトゥール』誌、一九五八年七月四日付)。ロッセリーニはここでも同じくモンタージュを否定してはばからない。ショットそのものの力を力説する彼は、新たな媒体のもとで「フォトジェニー」の復権と更新を目論んでいるかのようだ。(須藤健太郎)

17

何も変えてはならない。
すべてが
違ったものになるように。

―

ロベール・ブレッソン

Robert Bresson

(1901-1999)

フランス・ピュイ=ド=トーム県生まれ。演劇的要素を排除した厳格な作風で知られ、自身の作品群を「シネマトグラフ」と総称した。主な作品に『罪の天使たち』(1944)『ブローニュの森の貴婦人たち』(1945)『抵抗』(1956)『スリ』(1959)『少女ムシェット』(1967)『やさしい女』(1969)『白夜』(1971)『ラルジャン』(1983)など。

出典:ロベール・ブレッソン『シネマトグラフ覚書』、松浦寿輝訳、筑摩書房、193頁。
(既訳では「何一つ変更を加えず、かつすべてが違ったものとなるように」と訳されている)

ロベール・ブレッソンが、職業俳優を使うことをほぼ完全にやめるのは、長編第四作の脱獄映画『抵抗』（一九五六）からのことである。

ブレッソンは一九〇一年に生まれ、シュルレアリストの友人たちと交流しながら画家や写真家として活動した後、映画界に入る。一九四三年の『罪の天使たち』で長編デビューし、その後、『ブローニュの森の貴婦人たち』（一九四五）と『田舎司祭の日記』（一九五一）を監督する。

第一作ではコメディー・フランセーズのルネ・フォールをはじめとした美しい女優たちの饗宴が展開し、第二作では踊り子を演じる可憐なエリナ・ラブルデットと、彼女を陥れる悪女役のマリア・カザレスがそれぞれ魅力的な演技を披露している。

ブレッソンはこれら作品を撮るときに従っていた一般的な映画演出の進め方——プロの俳優をキャスティングし、ともに演技を決めて撮影をする——では、どうしても自分の望む映画を実現することはできないという結論に至る。そしてついに『抵抗』から素人俳優のみを使った劇映画作りに踏み切り、以後、前人未到の境地を独自で切り開いてゆくことになる。寡作であるが、一九八三年の遺作『ラルジャン』に至るまで発表された十数本は、映画になしうることの限界を示す異形の傑作として映画史に屹立する。

なぜ職業俳優ではだめだったのか。それを最も簡潔に言い表したのがこの断章にほかならない。

「何も変えてはならない。すべてが違ったものになるように」。

ブレッソンは自分の映画制作の方法についての考えを断章形式で書き溜め、一九七五年に『シネマトグラフ覚書』として出版している。この断章もそこに書かれたものだ。ジャン＝リュック・ゴダールが『（複数の）映画史』（一九八八―九八）の冒頭で引用し、ペドロ・コスタが自作のタイトルにしたことでも知られている。さて、しかしこれは何を意味するのだろう。違ったものにするために変えないとは？

まず前半から見てみよう。「何も変えてはならない」は、すでに述べた演技の禁止に関わる。『抵抗』以後、ブレッソンは出演者たちに（「俳優」と区別して「モデル」と呼ばれる）カメラの前で一切何も「意図」しないように指導したのだという。そして、演技が禁じられた理由を示しているのが断章の後半部分である。それは「すべてが違ったものになるように」するためである。どういうことか。

職業俳優による演技は、たとえばあるキャラクターの心理を解釈し、芝居として表現するかぎりにおいて「決定的」であるとブレッソンは言う。それはもう別の何かに変化しようがない。それに対して「モデル」たちの映像は、ほとんど何も表現していない。表現以前の何かがいわば萌芽として曖昧に兆しているだけだ。これら映像は、スクリーンのうえで、別の映像と相互作用を起こし、その内容や価値を変化させることがありうる。つまり、演技を禁じるのは、変化に向けて開くためだ。ただし、ただ単に何も表現しなければ、後から勝手に変化が呼び込まれる、というだけのことではもちろんない。『抵抗』と『スリ』（一九五九）は娯楽としても第一級のサスペンス映画である。主人公が秘密工作をするプロセスをカメラは盗み見るかのように撮影し、極度に視野の限定された画面を、観客は息を詰めて見守ることを強いられる。一つひとつのショットは、断片的で、容易にはそこがどこかもわからず、つまり、宙吊り状態にある。その極限にタイトな構成こそが、変化を生み出すもう一つの条件なのだ。この断章は、ブレッソンが好んで描いた「偶然」と「恩寵」の主題とも関わる。『田舎司祭の日記』は、死を前にして「すべては恩寵である」と言い、『スリ』の主人公は、紆余曲折を経てついに愛を見出したとき、「おおジャンヌ、君のもとに着くためになんて奇妙な道のりを歩まなければならなかったのだ」と言う。映画史に残る名台詞である。偶然が偶然を呼び、最初に思っていたこととはまったく違う地点に辿りついてしまったにもかかわらず、自分がまさにそれをはじめから望んでいたかのような、あるいは、誰かの手がそれをずっと導いてくれていたかのような、そういう不可思議な確信を抱くとき、それを恩寵と呼ぶ。偶然の連鎖によって脱獄が奇跡的にうまくいってしまう物語を語る『抵抗』も含めて、これらブレッソン作品は恩寵の完璧な表現である。

「何も変えてはならない」こそが、恩寵を呼び込むための秘密の方法である。「決定的」な何ごとかを為しうるなどとは思っても無駄で、だからこそ「自己」を開き、そこに到来するかもしれぬ変化を待望しなければならない。そのとき「在りのままで」変わるのは「すべて」であり、文字通り、世界の見え方が一新されるだろう。（三浦哲哉）

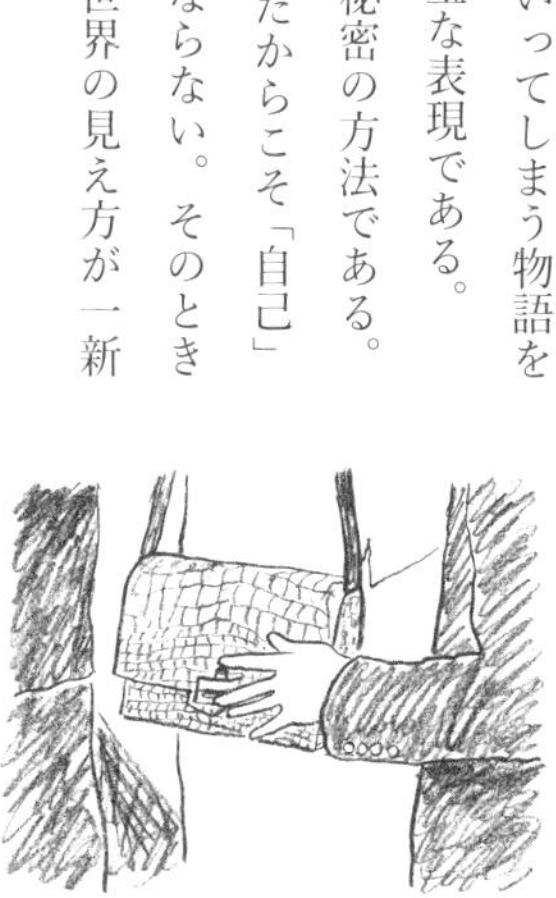

『スリ』

18

なんでもないことは流行に従う、重大なことは道徳に従う。芸術のことは自分に従う。

—

小津安二郎

Ozu Yasujiro

(1903-1963)

東京生まれ。アメリカ映画の影響を強く受けながら、戦後は小津調とも呼ばれる独自の映像/音響美学に貫かれた作品を手がけた。主な作品に『学生ロマンス 若き日』(1929)『東京の合唱』(1931)『非常線の女』(1933)『戸田家の兄妹』(1941)『晩春』(1949)『東京物語』(1953)『早春』(1956)『お早よう』(1959)『秋日和』(1960)『秋刀魚の味』(1962)など。

出典:田中眞澄編『小津安二郎 戦後語録集成』、フィルムアート社、1989年、304頁。

東京の深川生まれの小津安二郎は一九二三年に松竹蒲田に入社し、一九二七年に初監督作『懺悔の刃』を撮った。一九三六年に松竹撮影所が蒲田から大船に移転するなかで、小津は最初のトーキーによる劇映画『一人息子』を撮った。戦後に、笠智衆と原節子の主演で撮られた『晩春』(一九四九)や『東京物語』(一九五三)は特に名高い。一九五八年に小津は『彼岸花』でカラー映画に乗り出すが、一九六二年の『秋刀魚の味』が遺作となる。ローアングル等の特徴的なスタイルで冠婚葬祭をめぐる家族の物語を繰り返し語って、小津は他に類を見ない映画世界を構築した。世界各国の様々な監督に与えた影響も大きい。

流行と道徳、自分という三つの基準を挙げる小津の有名な言葉は、『彼岸花』の撮影中に行なわれ『キ

『東京物語』

ネマ旬報』に掲載された鼎談での発言である。相手は映画批評家の岩崎昶と飯田心美だ。人生訓のような趣のある言葉だが、実際には、自身の映画のスタイルをめぐる具体的な討論のなかでなされた発言である。ここで流行と道徳は生活上の信条として語られており、道徳が流行よりも明らかに重視されている。小津の人柄が見えて興味深い。だが、彼がこの発言で語ろうとしたことの中心はそこにはない。鼎談の文脈で問題になるのは、もっぱら芸術の基準としての自分自身なのだ。生活と違って芸術においては、流行にも、時には道徳にさえも従わずに、あくまで監督自身の好き嫌いに従うというのである。

小津は、映画においていくつかのことを嫌いだと語る。ワイドスクリーンとパンショット、オーヴァーラップ、移動撮影だ。小津は、大映ヴィスタヴィジョン第一作『地獄花』（一九五七）を撮った伊藤大輔について、「彼なんか常に巻紙に筆で字を書いているようだから」ワイドが合うと評するが、自分なら困ると話す。事実、小津の映画は全て、一対一・三三または一・三七のスタンダードサイズで撮られている。パンショットについては、小津は「絶対にしない」と語る。実のところ、『学生ロマンス　若き日』（一九二九）等、サイレント映画では時折パンが使用され、戦後の『晩春』にもパンが存在する。トーキーにおいては特例を除き使われていないということだ。また、オーヴァーラップによるショットのつなぎ、すなわちディゾルヴは、『その夜の妻』（一九三〇）等、サイレント映画で数度使用されたが、トーキーでは一切無縁の技法となった。移動撮影はサイレント期には頻繁に行なわれ、例えば、『生れてはみたけれど』（一九三二）には四〇以上の移動ショットがある。トーキーになると移動ショットはかなり減り、『父ありき』（一九四二）には全く存在しない。だが、戦後も小津は、『晩春』の自転車の場面等で、移動ショットを撮り続け、再び完全になくなるのは、最後の白黒映画『東京暮色』（一九五七）からだ。この映画とそれ以降のカラー映画は全て固定ショットだけで構成されている。

これらを好まぬ理由を小津は説明しようとする。例えば、移動撮影をしない理由は「設備が悪い」からだとされる。だが、設備が整っても小津にやる気はない。「理屈にあわないが、嫌いだからやらない」と、彼は認める。あくまで個人的な好き嫌いの感情に従っているのだ。そこから自身の「個性が出て来るので、ゆるがせにはできない」と、小津は語る。

小津のこうした発言は彼の映画美学の一端を開示して貴重だ。ただし、この発言を無条件で受け入れることは、小津の初期作品を不当に貶める危険も生む。「監督でも批評家でも、酒と同じで、古くなればなるほど味がいいんだ。」鼎談を締め括る小津のこの言葉が示すように、ここで彼は一貫して晩年の境地を称揚する立場から発言している。年を経るにつれて嫌いな技法を捨てていき、晩年に自分の映画美学を完成させた。これは間違いではない。だがこの視点によって、『生れてはみたけれど』のようなサイレントの作品の素晴らしさが曇るようなことは、あってはならないだろう。（伊藤洋司）

19

ぼくは映画を撮っているとき以外は、映画を愛していない。

—

オーソン・ウェルズ

Orson Welles

(1915-1985)

アメリカ・ウィスコンシン州生まれ。演劇人としてキャリアを始め、ラジオドラマ『火星人襲来』が話題となりRKOに入社する。主な作品に『市民ケーン』(1941)『偉大なるアンバーソン家の人々』(1942)『上海から来た女』(1947)『アーカディン氏』(1955)『黒い罠』(1958)『オーソン・ウェルズのフェイク』(1974)など。

出典:「オーソン・ウェルズに聞く」、『作家主義 映画の父たちに聞く』所収、奥村昭夫訳、リブロポート、1985年、377頁。

神童、魔術師、誇大妄想狂……。形容する言葉は様々だが、一つ確かなのは、巨体を揺らしながら不敵な笑みを浮かべるこの男にはいつも胡散臭さがつきまとうということである。しかし、それもまた彼の魅力だった。

オーソン・ウェルズは、アメリカ、ウィスコンシン州に、ピアニストの母と発明家の父の間に生まれた。生まれながらの神童――世間が抱くこのイメージに、彼は生涯縛られ続けることになるだろう。二六年、イリノイ州のトッド高に入学すると、オーソンはシェイクスピアなどを自ら脚色・演出・主演した芝居を次々と上演する。この頃、「若干一〇歳の漫画家、俳優、詩人」という見出しの記事が地方紙に出るほど、彼はすでに有名人だった。一六歳のときにダブリンでプロの俳優となったオーソンは、三四年には念願のブロードウェイで初舞台を踏んでいる。初めてラジオ番組に出演し、最初の短編映画を撮ったのもこの年だった。

三六年、ニューヨークの劇場で、ハイチを舞台に全員黒人で演じられる『マクベス』が上演されると、オーソンは演出家としてもたちまち注目を集める。ジョン・ハウスマンと立ち上げたマーキュリー劇団で、ファシズムを思わせる装置と衣装を使って演出した『ジュリアス・シーザー』はさらなる大成功を収めた。そして三八年、オーソンの名を世に知らしめる大事件が起きる。H・G・ウェルズの『宇宙戦争』をマーキュリー劇団でフェイク・ニュース風に脚色したラジオ番組が放送されると、これを本気にした人たちで全米がパニックに陥ったのである。この騒ぎで一躍名を馳せた彼にハリウッドのRKOが早速目をつけ、このわずか二四歳の素人青年に全権を委ねるという前代未聞の契約を結ぶ。

ハリウッドが注視する中で、オーソンは、新聞王ウィリアム・R・ハーストをモデルにした処女作『市民ケーン』(一九四一)を完成させる。主人公ケーンの死に始まり、彼を知る様々な人物の回想を通して語られてゆく物語、ディープフォーカスの深い画面による長回し撮影、ガラスの屋根を魔法のようにすり抜けてゆくカメラ、天井を際立たせる極度のローアングル……。『市民ケーン』の登場は、それ以前と以後で映画史が分かれると言われるほどの、一つの事件だった。しかし、映画に激怒したハーストが劇場に圧力をかけたために興行的には失敗に終わる。以後、ハリウッドがオーソンを自由にさせることは二度となかった。

ところが、そんな歴史に残る傑作を撮った男が、映画を愛していなかったとは。『作家主義 映画の父たちに聞く』(リブロポート)に収録されているインタビューに出てくるオーソンのこの言葉には一瞬驚く。その場その場で矛盾した発言をして人を煙に巻いてきた彼のことだから、これもまた冗談ではないのか。しかしオーソンのフィルモグラフィーを眺めていると、この言葉は実に彼らしいとさえ思えてくる。

彼の監督第二作『偉大なるアンバーソン家の人々』(一九四二)はRKOによってずたずたにカットされ、『すべて真実』は結局未完に終わり、『恐怖への旅』は途中で監督を降板させられてしまう。その後も、『ドン・キホーテ』『ベニスの商人』『風の向こう側』と、未完のフィルムが積み重ねられてゆく。そもそも未完成であることは、オーソンの映画の本質なのではないのか。彼が愛しているのは、映画というよりも、映画を撮ることなのである。オーソンは自分の映画を見ることはほとんどなかったというが、それは、見れば必ず編集し直したくなるからだった。事実、一応は完成しているはずの『アーカディン氏』（一九五五）や『黒い罠』（一九五八）でさえ、幾つものヴァージョンがあり、どれが正解なのかもよくわからない。

オーソンは亡くなってしまったが、彼の死後、『すべて真実』は行方不明になっていたプリントが発見され、制作五十年後にようやく日の目を見た。間もなく『風の向こう側』も公開されると聞く。オーソン・ウェルズのフィルモグラフィーは今も更新され続けているのである。（井上正昭）

『市民ケーン』

20

“映画の真実《シネマ・ヴェリテ》”だって？
“映画の嘘つき”のほうがいい。

—

フェデリコ・フェリーニ

Federico Fellini

(1920-1993)

イタリア・リミニ生まれ。新聞社での勤務後、ロベルト・ロッセリーニ監督作『無防備都市』の脚本執筆に参加し映画界に入る。「映像の魔術師」と呼ばれ、戦後イタリアを代表する監督の一人として知られる。主な作品に『白い酋長』(1952)『道』(1955)『甘い生活』(1959)『8 1/2』(1963)『サテリコン』(1969)『フェリーニのローマ』(1972)『ジンジャーとフレッド』(1985)『インテルビスタ』(1987)など。

出典：フェデリコ・フェリーニ『私は映画だ 夢と回想』所収、フィルムアート社、1978年、175頁。

フェデリコ・フェリーニと映画との関わりは、イタリアのネオレアリズモを代表する『無防備都市』（一九四五／ロベルト・ロッセリーニ監督）への参加にはじまる。フェリーニが映画界へ飛び込んだ当時は、戦後の社会や状況を直に捉えたネオレアリズモの興隆期であり、彼もその潮流の只中で映画製作を学んだ人物である。やがて故郷のリミニに住む無職の青年たちを自伝的に描いた『青春群像』（一九五三）や、旅芸人の男女に待ち受ける悲劇を捉えた『道』（一九五四）によってその頭角を現し、フェリーニはネオリアリズモの真の後継者として目されていたのだった。

そんなフェリーニの作風に変化が訪れたのは、長編七作目の『甘い生活』（一九五九）からだろう。『甘い生活』はフェリーニが初めて映画撮影所のチネチッタを使用した作品であり、実在するローマのヴェネト通りをチネチッタの中に再現したことでも知られている。つまりフェリーニは、セットでの撮影を映画に導入したことで、キャメラや照明、俳優や事物を自由に配置し、大胆で奇抜なイメージを体現しやすくなったのだった。作家志望の夢を果たせなかったパパラッチが目にするローマ上級社会の退廃と快楽の饗宴、そして次々に待ち受ける『甘い生活』の奇想天外な展開は、混沌とした現実と虚構の世界を過剰なまでに体現している。ヘリコプターで吊るされた巨大なキリスト像。華やかなナイトクラブ。海に打ち上げられた巨大な怪魚の姿。社交界のゴシップ記者に扮するマルチェロ・マストロヤンニは、その不可解な状況に戸惑いながらも、大都市のローマを彩る艶やかな女性たちへ手を差し伸べていく。このような夢現の状況に混乱する主人公の姿は、『8 1／2』

『8 1/2』

（一九六三）で映画製作に煮詰まった監督（マルチェロ・マストロヤンニ）しかり、夫への不信感を募らせる『魂のジュリエッタ』（一九六四）の中年主婦（ジュリエッタ・マシーナ）しかり、その後の映画にも脈々と受け継がれていくのである。

一九七一年の映画雑誌『ラルク』四五号のインタビューで発言されたこの言葉によれば、フェリーニが映画の虚構を嘘と呼び、その嘘を愛してやまない人物であったことが窺える。そして「〝映画の嘘つき〟のほうがいい」の後には、「嘘はいつだっておもしろい」と続けられている。この中に出てくるシネマ・ヴェリテ（真実の映画）とは、一九五〇年代末のフランスに台頭したドキュメンタリー映画の撮影手法である。その特徴は手持ちキャメラや同時録音によって取材対象に真実を語らせることにあるが、シネマ・

ヴェリテの代表作『ある夏の記録』(一九六一)は、フランス社会や労働について議論を交わす若者たちがキャメラの前で自らを演じるだけでなく、監督のジャン・ルーシュやエドガール・モランさえもその前に姿を現し、若者たちの議論に参加する場面が映し出されている。

しかしフェリーニは、続けてこのように語っている。「嘘は見世物芸の魂である以上、日常的で見せかけの現実よりもはるかに深い真実感があるかもしれない〔…〕本物でなければならないのは、人が見たり、表現したりするときに経験する感情である」。つまり両者の方向性は一見異なるように見えるが、実際は映画の真実を演出することにその違いはほとんどないのである。フェリーニは、キャメラに映る被写体をありのままに捉えるネオレアリズモを経由し、映画の虚構を描くことに身を捧げた。だからこそこの言葉は、フェリーニ自身による真実から嘘への変化を表しているとも言えるだろう。嘘はフェリーニ映画の神髄であり、避けては通れない演出のひとつなのである。(隈元博樹)

普通の俳優が 10呎《フィート》かかるものを、三船は 3呎《フィート》で表現した。

—

黒澤明

Kurosawa Akira

(1910-1998)

東京生まれ。画家を志し洋画を学んだのち、映画界入りする。日本のみならずアメリカをはじめとして世界各国の映画監督に影響を与えた。主な作品に『姿三四郎』(1943)『酔いどれ天使』(1948)『羅生門』(1950)『生きる』(1952)『七人の侍』(1954)『蜘蛛巣城』(1957)『天国と地獄』(1963)『デルス・ウザーラ』(1975)『夢』(1990)『まあだだよ』(1993)など。

出典：黒澤明『蝦蟇の油——自伝のようなもの』、岩波書店、1984年、341-342頁。
(※なお引用に際しては文意を補足するため「三船は」と主語を加えた)

黒澤明に「妥協」の二文字は存在しない。本番と同じメイクや衣裳のまま、リハーサルは俳優たちがその役を掴むまで何度も行う。撮影する場面が「晴れ」ならば、現場を中断させてその天候を待つ。撮影に使う馬は数十頭単位で購入し、ふたたび調教することから始める。撮影に支障のある民家は、二階部分を一時的に取り払う……。今もなお語り継がれる諸々のエピソードからも、この監督が人一倍に徹底した演出の持ち主であったことが窺えるだろう。

一九三六年にP.C.L.映画製作所へ入社した黒澤は、先輩監督だった山本嘉次郎のもとで現場やシナリオのいろはを学んだのち、『姿三四郎』(一九四三)で監督デビューを果たす。以来、P.C.L.と合併した東宝の看板監督として名を馳せ、戦前のファシズム

『七人の侍』

に葛藤する女性（原節子）を捉えた『わが青春に悔なし』（一九四六）や、余命いくばくもない市役所課長（志村喬）の絶望と希望を描いた『生きる』（一九五二）、また『七人の侍』（一九五四）では、複数のキャメラを同時に回す「マルチカム手法」をいち早く取り入れたことでも知られている。大映で製作された『羅生門』（一九五〇）は、ヴェネツィア国際映画祭の金獅子賞とアカデミー賞の名誉賞を受賞し、「黒澤プロ」設立後は『悪い奴ほどよく眠る』（一九六〇）、『用心棒』（一九六一）、『椿三十郎』（一九六二）、『天国と地獄』（一九六三）、『赤ひげ』（一九六五）などの代表作を精力的に発表。八八歳の生涯を閉じるまでに、全三〇本の監督作品を世に送り出し、小津安二郎や成瀬巳喜男、溝口健二とともに世界へ影響を与えた監督のひとりとなった。

そんな黒澤映画に不可欠だったのが、俳優たちの存在である。なかでも『酔いどれ天使』（一九四八）以降、黒澤にとって最も重要な俳優が三船敏郎だろう。二人の出会いは、黒澤がまだ新人監督と呼ばれていた一九四六年、六月のこと。「第一回東宝ニューフェイス」の面接会場に忽然と現れた三船は、野獣のような形相とただならぬ雰囲気を放ち、会場の審査員や俳優、そして周囲の野次馬たちを圧倒させていた。その三船の姿に衝撃を受けた黒澤は、彼のデビュー作『銀嶺の果て』（一九四七／山本嘉次郎監督）の脚本を担当し、監督作の『酔いどれ天使』に満を持してキャスティングする。『酔いどれ天使』は戦後の闇市で生計を営む貧乏医師と、破滅的な道を選ぶヤクザの人間模様を描いた作品であり、志村喬扮する医師の柔和な佇まいをよそに、ヤクザを演じる三船の血気盛んな動きが印象的である。とくに三船が志村に勢いよく摑みかかる冒頭の診療所の場面は、両者の特性を見事に引き出した一幕だろう。三船が登場する一連のシークエンスは観る者を緊迫の境地へと誘い、獰猛で素早い彼の動きは、黒澤映画の父親的存在だった志村さえも飲み込んでしまうほどである。

表題の言葉は、黒澤の自著『蝦蟇の油——自伝のようなもの』(一九八四)に所収されており、フィートとは役者の姿が投影されたフィルムの長さを示している。このことを剣道の基本である「一、二、三」の三挙動にたとえるならば、何と三船は「一」の一挙動ですべてを表現してしまうのだそうだ。黒澤はこの瞬発力に加えて、「しかも、驚くほど、繊細な神経と感覚をもっていた。まるで、べたぼめだが、本当なのだから仕方がない」とまで語っている。こうして三船は、『生きる』を除いた『酔いどれ天使』から『赤ひげ』までの黒澤映画を、雄々しき強度とその驚くべき瞬発力で駆けていったのだった。

だからこそ黒澤の演出とは、あらゆる事物を徹底して遂行することだけではなかった。つまり演出とは、その完璧さを追求する一方で、物事を圧倒的な瞬発力で語るための敏捷性を伴わなければならないということである。おそらくそのことは、黒澤が仕事のモットーとして掲げていた「悪魔のように細心に! 天使のように大胆に!」にも通じている。完膚なき精神は悪魔のような細心さに倣い、時として天使のような大胆な感覚を以て挑むこと。三船がもたらした敏捷性は、妥協なき黒澤の演出に必要不可欠だったのである。(隈元博樹)

22

ハリウッドに行くのはだめだ、絶対に。

—

ニコラス・レイ

Nicholas Ray

(1911–1979)

アメリカ・ウィスコンシン州生まれ。ニューヨークにて左翼演劇の活動後、第二次大戦期に情報局の仕事を通して映画人との交流を始め、RKO社にて監督デビューを果たす。主な作品に『夜の人々』(1948)『孤独な場所で』(1950)『危険な場所で』(1951)『理由なき反抗』(1955)『北京の55日』(1963)『ウィ・キャント・ゴー・ホーム・アゲイン』(1973)など。

出典:「ジム・ジャームッシュ インタビュー You are you, so just be you」、中村真人+慶野優太郎構成・訳、『[ニコラス・レイ読本] WE CAN'T GO HOME AGAIN』所収、boid、2013年、63頁。

ハリウッドで最も偉大な映画作家だとは言わない。だが、彼は間違いなく、ハリウッドで最も偉大な敗北者だった。

ニコラス・レイは、アメリカ、ウィスコンシン州に、ノルウェイ系移民の建築業者である父親の息子として生まれた。三一年、シカゴ大学に入学したものの、わずか一年で退学すると、レイは次にニューヨークに向かう。やがて彼は建築家フランク・ロイド・ライトと知り合い、多様な芸術に開かれた共同体とでも呼ぶべきライトの〈友愛塾〉で多くのことを学ぶ。これは、彼が後に築くことになる様々な疑似家族の関係の一つであり、ライトはレイにとって最初の父親的存在だった。二人の関係はすぐに破綻してしまうが、このときの経験はレイの映画に大きな跡を残している（「彼は事物に眼差しを注ぐ独特のやり方を教

『理由なき反抗』

えてくれた」）。

同じ時期に、レイはニューヨークの左翼演劇活動にも参加し始める。やはり左翼演劇をやっていたエリア・カザンとこの頃知り合い、彼の芝居で演じたこともあった。この約十年後に、レイはカザンの映画デビュー作『ブルックリン横丁』（一九四四）の助監督として、初めてハリウッドの現場を経験することになる。そして四六年、レイはRKOに雇われ、翌年『夜の人々』で監督デビューを果たす。熱気を孕んだロマンティスム、非順応主義、傷つきやすい人間を内側から焼き尽くす暴力……。三〇年代の不況下のアメリカ南部を舞台に、どこにも行き場を失った若い恋人たちを描いたこのみずみずしい処女作には、レイの作品の中心テーマとでも言うべきものがすでに明確に現れている。『夜の人々』は、レイがただ一度だけハリウッドで自由にやれた作品と言っていいが、興行的には赤字だった。

わずか十年余りのハリウッド時代に彼が撮った二〇本にも満たない映画には取るに足りない駄作は一本もない。しかしその中でふつうの意味で成功したといえるのは『理由なき反抗』（一九五五）だけだった。これさえも、多くの人々にとっては、ジェームズ・ディーンの映画としてのみ記憶に残っている。ハリウッドでの最後の二作、『エヴァグレイズを渡る風』（一九五八）では完成まで立ち会うことを許されず、『暗黒街の女』（一九五八）を最後にレイはハリウッドを離れる。ヨーロッパで慣れない超大作を数本撮るうちに疲れ果て、さらには病と長年のアルコール中毒も重なり、六〇年代末にはレイは商業映画の世界から引退したも同然だった。

「ハリウッドに行くのはだめだ、絶対に」という言葉は、七六年からニューヨーク大学で映画の講師をしていたレイが、その学生の一人だった若きジム・ジャームッシュに言ったものだという。レイの映画には〈父〉と〈子〉の関係が繰り返し描かれてきたが、そのドラマは実生活でも何度も生きられていた（ヴェンダースが死の直前のレイを撮った映画『ニックス・ムービー／水上の稲妻』〔一九八〇〕はその生々しい記録である）。そしてこの言葉もまた、レイから〈息子〉ジャームッシュに向けられた〈父〉の言葉だったといえよう。

レイのように独立心の強い強烈な個性の持ち主にとって、ハリウッドは決して居心地のいい場所ではなかったはずである。『夜の人々』には、最初、「私自身ここではよそ者だ」という題名が付けられていたという。西部劇『大砂塵』（一九五四）の中で、主人公ジョニー・ギターはこの言葉をそっくりそのまま繰り返す。これは、『孤独な場所で』（一九五〇）や『ラスティ・メン』（一九五二）などレイの作品すべてに通じるような言葉であると同時に、ハリウッドにおけるレイのことを指した言葉のようにも思える。ハリウッドという「孤独な場所で」、彼自身もまたよそ者だったのである。しかしそこから遠く離れた場所で『ウィ・キャント・ゴー・ホーム・アゲイン』（一九七三）という、文字通り既成の枠を外れた、映画自体を解体するような映画を最後に撮ってしまうこの映画作家に、それでも映画以外のいかなる帰る場所があったというのだろう。（井上正昭）

23

映画は戦場のようなものだ。
愛があり、憎しみがあり、
アクションがあり、
暴力がある。そして死も。
ひとことで言えば
エモーションだ。

―――

サミュエル・フラー

Samuel Fuller

(1912-1997)

アメリカ・マサチューセッツ州生まれ。新聞記者、ゴーストライター、脚本家として働いたのち一九四九年に『地獄への挑戦』にて映画監督としてデビューする。主な作品に『鬼軍曹ザック』(1951)『拾った女』(1953)『四十挺の拳銃』(1957)『ショック集団』(1963)『裸のキッス』(1964)『最前線物語』(1980)『ホワイト・ドッグ』(1982)『ストリート・オブ・ノー・リターン』(1989)など。

出典：ジャン=リュック・ゴダール監督作『気狂いピエロ』に本人役として出演時の台詞より

九六五年秋。サミュエル・フラーは『悪の華』——結局は実現されることのない企画——の脚本執筆のため、パリに滞在していた。ある日、シャンゼリゼ通りで声をかけてきた『カイエ・デュ・シネマ』誌の批評家リュック・ムレを通じて、彼はジャン＝リュック・ゴダールと出会う。ゴダールは彼に、撮影中の作品『気狂いピエロ』に出演してくれないかと頼む。

「わたしはいいともと応じた。撮影当日、パリ郊外にあるスタジオにやって来たとき、出演場面で自分が何をしゃべることになるのか、まるで見当もつかない状態だった。〔…〕ベルモンド演じる人物がぶらぶらとやって来て、わたしに紹介される。〝アメリカの映画監督〟だといって。ベルモンドはわたしの方に振り向いて尋ねる。「映画とは何ですか？」と。この場面を撮るにあたって、リハーサルなど一切やらなかった。ジャン＝リュックがどう応じて欲しいと思っているのかよくわからなかったので、葉巻をひと吹きしてわたしを演じ、独自のタフガイ言葉でせりふを口走った。わたしが話すのに合わせて、二か国語を話す婦人が同じせりふをフランス語で繰り返したのであった」（『サミュエル・フラー自伝 わたしはいかに書き、闘い、映画をつくってきたか』〔boid〕）。そこで口にされたのが、この言葉である。

この言葉について監督であるゴダールは、「あれはずっと以前から言いたいと思っていたことだ。それを彼に言ってもらったわけだ。もっとも、感動《エモーション》という言葉を見つけたのは彼だ」（『ゴダール全評論・全発言Ⅰ』〔筑摩書房〕）と語っている。だがこの言葉のコピーライトがフラーとゴダールのどちらにあるかなどとこの場で問うのは止めておこう。問題は、フラーが自ら「わたしを演じ」と記すだけあって、第一合衆国歩兵師団の一員として第二次世界大戦に従軍した経験を持つ、『鬼軍曹ザック』(一九五一)『折れた銃剣』(一九五一)『チャイナ・ゲイト』(一九五七)『陽動作戦』(一九六一)そして——この後撮られ現在では彼の代表作として知られる——『最前線物語』(一九八〇)といった戦争映画の監督としてあまりにもしっくりくる言葉だということだ。だが注意しなければならない。彼は映画が〝戦争〟のようだ、と語ったのではない。あくまで、〝戦場〟のようだ、と語ったのだ。

上記の戦争映画においても、その他のジャンルに属するかのような作品においても、サミュエル・フラーは決して巨大な権力の行使としての戦争、政治の延長としての戦争を描いたりはしない。彼の映画に絶えず現れる〝戦場〟は、ご大層な理念や大義名分、正当化や愛国心などによって醜悪なものや汚れたものが覆い隠された清潔な場所などではない。「生き残ることこそが、歩兵の世界では何をさし置いても第一に考えられていたことだ。であるからこそ、われわれは些細ではあるけれども必要欠くべからざる事柄を思って気をもんでいた。乾いた靴下、食物、真水、下痢だ。神に祈っている者など、一度たりとも目にしたことはなかった。そんな光景には、戦後に作られた何本かのハリウッド映画のなかでしかお目にかかったことがない。戦場に近づいたこともないような脚本家たちの、空想の産物だ」(前掲書)。

フラーの〝戦場〟にいるのは、主義や国籍、人種などで明確に線引きされた、向かい合う敵と味方の集団ではない。『チャイナ・ゲイト』で混血の女性を演じるアンジー・ディキンソンはこう言っていた。「国籍なんてあってないようなものよ。あんたたちも共産党も勝手に戦ってればいいいわ」。そこにいるのは、軍隊や国民やギャングでもなんでもいいのだが、そうした理念や利害による集団形成からこぼれ落ちた、剝き出しの個人である。濡れた靴下、不足する食物や水、そして下痢が、否応なくその身体にまとわりつく、剝き出しの個人である。そうした意味でフラーの映画のタイトル「裸のキッス」は多くのことを語っている。劇中では性的倒錯者の歪んだ欲望が滲み出すキス程度の意味だが、『裸のキッス』（一九六四）を見る者はこの言葉をコンタンス・タワーズの剝き出しの頭皮と、ハンドバッグやソーダサイフォンや電話の受話器が振り下ろされるあのアクションと不可分に考えることはできない。

フラーの〝戦場〟には裸の個人がいる。彼らがなすキスのようなアクションが、すなわちエモーションなのだ。

（結城秀勇）

『裸のキッス』

記憶を秘めやかに継承する——名匠の言葉から／のもとに映画をつくること

文＝田中竜輔

映画を取り巻く状況というものがめまぐるしく変化を続けてきた以上、どんな巨匠であったとしても、映画監督たちの言葉がそれだけで普遍的であることはない。それでもなお、それら言葉が私たちに有益であるとすれば、あるいは有益なものになるとすれば、それはいかなる形においてなのか。そうした試みを実際の映画作品において実感できるのだとすれば、それはどのような点においてなのだろうか。

たとえば現代フランス映画を代表するひとりアルノー・デプレシャンは、映画史において培われた様々な記憶、それを源泉に己の作品を生み出すことを、あたかも責務のように生きる監督のひとりである。デプレシャンは二〇〇四年の映画『キングス&クイーン』に際し、そのシナリオブックの前書きで次のように語っている。「自分の映画がどこから生まれてくるかについて、私はいつも嘘をついてきた。(…)私は仮装し、自分を映画の作り主だと称していた。だが実際には私はただ一つのことをしていただけだ。その映画の良き観客になろうと試みていただけなのだ」(『すべては映画のために！ アルノー・デプレシャン発言集』(福崎裕子訳／港の人))。

では、デプレシャンはたとえば誰の「良き観客」であったのか？ そのひとりは間違いなくフランソワ・トリュフォーである。『キングス&クイーン』のシナリオ執筆時に、デプレシャンはトリュフォーの次のような言葉を自分の机にメモとして貼付けていたと語る。「ただ一つの考えだけを表現するための四分間の場面を決して書かないこと。一分間の各場面に四つの考えを入れること」。

デプレシャン映画における人々の行動の速度、あるいは狂熱的な台詞の応酬は、トリュフォーの映画と間違いなく共鳴している。ジャン＝ピエール・レオーやマチュー・アマルリックらは、つねにただ一つの目的のために疾走するのではない。彼らの一挙手一投足はそれ自体として一つの、あるいはそれ以上の考えを観客にもたらすようなものとしてある。トリュフォーはその生涯を通じ、かつて自身が批評家として称揚した「映画作家」という生き方——決して「商品」であることを放棄せず、しかし同時に「作品」を生み出すこと諦めない——を、その映画のワンシーンごとの過剰なまでの豊穣さに求めた。デプレシャンはそのようなトリュフォーの姿勢を体現した先の言葉を、自作の態度に折り重ねようとする信念において、その記憶を継承しているように見える。

一方で、二〇一七年夏に急逝した堀禎一は、熟考の映画監督だった。堀には、自身が尊敬してやまない小津安二郎をめぐる感動的な論考「小津安二郎監督の「技術」入門編」(『中央評論』二七〇号所収)がある。この論考において堀が執拗に問うのは、小津安二郎の「映画に文法なんてない」という有名な言葉がいったい何を意味していたのかということだ。その詳細については紙幅の関係上触れられないが、堀がこの論考でひたすらに問うのは、小津映画とは「撮れ得ないものを撮る」ために、その技術を模索したという点である。その模索について、堀は小津の次のような言葉を「名言」として引用する。「俳優でも監督でもレジスタンスということが必要ですね。しかしそれは別に何かに対して怒号するというんじゃなくてつねに自分自身に対するものなければならない」(『小津安二郎 戦後語録集成』(フィルムアート社))。

会社という組織の枠組みにおいて作品をつくる世代の映画監督であった小津が、そこに安住することなく、己を規定する様々な規則(文法)に抗しようとしていたこと、そのために「文法」に頼らない「技術」をつねに模索していたこと。この言葉から聴こえるのはそうした信念だ。それに倣うかのように、堀は早過ぎる遺作となった『夏の娘たち〜ひめごと〜』(二〇一七)をつくりあげていたのではないか。『秋日和』(一九六〇)のように、喪の儀式に始まり結婚式に終わるこのフィルムには、決して「小津的」と直感し得るカットや繋ぎがあるわけではない。しかしこれ見よがしな「引用」においては「撮り得ない」ものを、いかにして別の方法で取り込むかをめぐる堀の「技術」の探求は、まさしく小津の精神を継承するに相応しい「抵抗」を織り成している。登場人物たちの失われた幼年時代、あるいはその舞台となる山村の忘れられた歴史といった「撮り得ない」ものを映し出すための探求が、この映画には秘められている。

24

男と女と
一台の車があれば、
映画が撮れる。

ジャン=リュック・ゴダール
Jean-Luc Godard
(1930-)

フランス・パリ生まれ。ヌーヴェル・ヴァーグを代表する映画監督の一人であり、今もなお現代映画の最前線にて作品をつくり続けている。主な作品に『勝手にしやがれ』(1959)『気狂いピエロ』(1965)『中国女』(1967)『東風』(1970)『勝手に逃げろ/人生』(1980)『右側に気をつけろ』(1987)『新ドイツ零年』(1991)『(複数の)映画史』(1988-98)『アワーミュージック』(2004)『さらば、愛の言葉よ』(2014)など。

出典：正確な初出は不明(この言葉に関しては『カイエ・デュ・シネマ』誌557号などに本人による言及がある)

ヌーヴェル・ヴァーグ運動の発火点となったフランスの映画雑誌『カイエ・デュ・シネマ』の若き映画批評家ジャン＝リュック・ゴダールは、数本の短編製作を経た一九五九年、ついに親友フランソワ・トリュフォーの原案による長編第一作『勝手にしやがれ』の撮影を開始する。

当時の状況を振り返って、ゴダールは語る。「ほかの芸術と比べた場合の映画のいいところは、何も持たずに身を投じることができるという点だ」。警官を殺した自動車泥棒が愛人女性による裏切りの通報によって警官に射殺された、という新聞記事からストーリーを発案したトリュフォーは、「『勝手にしやがれ』を撮っていたときのゴダールは、地下鉄の切符を買う金も持ちあわせていなかった。自分が撮影していた登場人物と同じくらい、実際はそれ以上に文無しだった」と述懐している。映画が豪華なスタジオの独占物であることをやめて、持たざる者によってストリートで撮られる時代が、まさに到来したのだ。

『カイエ・デュ・シネマ』誌は、それまで工場生産された消費財でしかないと認識されていたアメリカのスリラーや西部劇、犯罪映画、メロドラマに光を当て、シネマの名のもとに擁護し続けた。『カイエ』誌が標榜した「作家主義」を、単に監督中心主義として捉える（そして脚本や撮影など各部署のスタッフだって大切だという見地から「作家主義」を批判する）傾向が、現在では非常に多く見られる。確かにその側面もなくはないけれども、「作家主義」のより重要な側面は、「職人」としてしか認識されない監督たちを「作家」として熱く論じたことにあったことは、ここで改めて確認する必要があるかもしれない。

持たざる人ゴダールが長編デビューするにあたって、なかんずく模範としたのはイタリアの映画作家ロベルト・ロッセリーニである。ハリウッドのスター女優イングリッド・バーグマンと不倫愛の果てに結婚したロッセリーニが、バーグマンとのコンビ第三作として撮りあげたのが『イタリア旅行』(一九五三)である(コンビ作は『ストロンボリ』(一九五〇)『ヨーロッパ一九五一年』(一九五二)『火刑台上のジャンヌ・ダルク』(一九五四)『不安』(一九五四)とあわせ計五本)。結婚八年目のイギリス人夫婦の倦怠旅行を描いた同作は、本国イタリアで、一世を風靡したネオレアリズモも終焉したと酷評された。そして、この窮地にあってロッセリーニをひたすら擁護したのが、ゴダールら『カイエ』派の若き批評家たちだった。「男と女と一台の車があれば、映画が撮れる」とは、『勝手にしやがれ』を撮るにあたって、ゴダールが『イタリア旅行』から得た教訓である。

ところがゴダールは早くも降参する。「あとになって、自分がこの種の映画には向いていないことを発見したんだ。それに、したいと思っていながらできずに終わってしまうことはたくさんある。たとえば『壁にぶつけた頭』(一九五九/ジョルジュ・フランジュ監督)で見られたような、車が夜の闇のなかをつっ走ってくるカットを撮るというのがそれだ」「何をなすべきなのか?　というのも、私にはロベルト(・ロッセリーニ)が作るような単純でしかも論理的な映画を作ることはできないからだ」。『勝手にしやがれ』は、当初めざした『暗黒街の顔役』(一九三二/ハワード・ホークス監督)のような映画とはならず、『不思議な国のアリス』のようになった、とも述べている。

そしてゴダールは新たな標語を発明して、先達からの教訓を自身の血肉とすることに余念がない。敬愛するアメリカの映画作家サミュエル・フラーを『気狂いピエロ』(一九六五)にゲスト出演させ、次のような伝説的な声をスクリーンに響かせた。「映画は戦場のようなものだ。愛があり、憎しみがあり、アクションがあり、暴力がある。そして死も。ひとことで言えばエモーションだ。」。この有名なフレーズは、「男と女と一台の車があれば、映画が撮れる」という美しくも難易度の高い教訓を彼なりに咀嚼し、敷衍したものだったにちがいない。

(荻野洋一)

ジャン＝リュック・ゴダール

明日の映画はもっと
個人的なものになるだろう。
告白あるいは
日記のようなものに。

―――

フランソワ・トリュフォー

François Truffaut

(1932-1984)

フランス・パリ生まれ。ヌーヴェル・ヴァーグを代表する映画監督。主な作品に『大人は判ってくれない』(1959)『ピアニストを撃て』(1960)『突然炎のごとく』(1961)『野生の少年』(1970)『アメリカの夜』(1973)『終電車』(1980)など。スティーヴン・スピルバーグ監督作『未知との遭遇』(1977)には俳優として出演している。

出典:ドミニク・ラブールダン編『トリュフォーによるトリュフォー』、山田宏一訳、リブロポート、1995年、24頁。

フランソワ・トリュフォーは、フランスのヌーヴェル・ヴァーグを代表する映画作家である。映画批評家から転身して、一九五九年に『大人は判ってくれない』で長編デビューを飾った。アントワーヌ・ドワネルという名の少年を主人公にする『大人は判ってくれない』は、監督自身の少年時代をもとにした自伝的な作品だった。それは「告白」や「日記」につらなる個人的な映画であり、批評活動を通して思考を深めたトリュフォーの理念を体現する作品だろう。彼は批評家時代に監督自らが脚本を執筆することを強く訴えた。監督が与えられた脚本の演出を担当するという流れ作業の中では、自伝などとうてい実現できない代物である。

この発言自体は一九六八年のインタヴューから引かれているが、実際にトリュフォーがこう主張した

『大人は判ってくれない』

のはさかのぼること十年以上前になる。彼は自分の記事を集めた批評集『わが人生・わが映画』(たざわ書房/原書刊行は一九七五年)の序文でこう書いている。「〔…〕わたしは新しい映画の波が寄せてくることを期待して、つぎのようなナイーヴながら確信に満ちた宣言をアール紙に発表した。一九五七年五月、処女作の『あこがれ』の撮影に入る数週間まえであった。/『明日の映画は私小説や自伝小説よりもいっそう個人的なものになるにちがいない。告白のようなもの、あるいは日記のようなものに。/若い映画作家たちは個人的で日常的なすべての事柄を一人称で描き、自分自身の体験をいきいきと語ることになろう。初恋の思い出からいま進行中の恋愛に至るまで、あるいは政治意識のめざめ、旅行談、病気のこと、兵役のこと、結婚のこと、夏のバカンスの出来事、等々。そういったすべてが観客の心を新鮮な感動でゆさぶるはずだ。なぜなら、そういったすべてが真実であり、これまで映画では語られてこなかったものであるからだ』」。自伝的な風采をまとった長編処女作『大人は判ってくれない』はこうした確信のもとに撮られ、一九五九年度カンヌ国際映画祭に出品されるや演出賞を受賞した。誰もが新たな才能の発見に沸き、新たな時代の到来に目を輝かせた。ヌーヴェル・ヴァーグ(「新しい波」の意)がその後にたちまち世界中に影響を及ぼしたことを考えれば、トリュフォーの作品は「明日の映画」を体現していたわけだ。

血気盛んな若き批評家トリュフォーの予言者的な口吻は、アレクサンドル・アストリュックが一九四〇年代後半に押し出した主張——いわゆる「カメラ=万年筆論」——を引き継いだものである。映画は見世物ではなく表現の一つであって、一人称による表現を可能にする媒体である。ヌーヴェル・ヴァーグの母胎となったのは映画雑誌『カイエ・デュ・シネマ』であるが、その創刊者の一人ジャック・ドニオル＝ヴァルクローズは、アストリュックが口角泡を飛ばして強く提唱した「カメラ＝万年筆論」を「シネフィリーの教義」といってはばからなかった。トリュフォーの作品がこうした映画批評の趨勢のただなかで撮られた点はないがしろにできない。

ところで、トリュフォーが一九六八年に『ル・ヌーヴェル・アダン』誌（第一九号、一九六八年二月号）のインタヴューでこのかつての自分の主張を取り上げたのは、それを訂正するためであった点を忘れてはなるまい。「それだけではとても物足りないし、映画はそれだけのものではない」。現に、『大人は判ってくれない』の後に手掛けた『ピアニストを撃て』（一九六〇）や『突然炎のごとく』（一九六一）を狭義の自伝と位置づけるのは無理がある。彼のフィルモグラフィは、その実自伝作家のものからはほど遠いのだ。『大人は判ってくれない』にしても、「形としては一人称で撮られた告白体の映画」ではあるが、過去を振り返るなかで、かつての自分を「三人称で語ろうとしたもの」なのだと彼は念を押している。おそらく彼は実際に映画製作を経験してみて気付いたのだった。もっとも個人的な映画とは、かつての自分を「彼」という三人称の他者として認識できて初めて可能になるものだということに。（須藤健太郎）

26

私もサイレントの映画作家だ。

エリック・ロメール

Éric Rohmer

(1920-2010)

フランス・コレーズ県生まれ。機関誌『ラ・ガゼット・デュ・シネマ』の編集・発行人を務めたのち、『カイエ・デュ・シネマ』誌に合流。ヌーヴェル・ヴァーグを代表する一人。主な作品に『獅子座』(1959)『モード家の一夜』(1969)『クレールの膝』(1970)『聖杯伝説』(1978)『緑の光線』(1986)『レネットとミラベル 四つの冒険』(1987)『冬物語』(1992)『グレースと公爵』(2001)『我が至上の愛 ~アストレとセラドン~』(2006)。

出典:「エリック・ロメール、確かな証拠」、
坂本安美構成・訳、『ユリイカ』、2002年11月号所収、青土社、122頁。

エリック・ロメールはフランス中部のチュールで生まれ、パリに出て戦後に映画批評の執筆を始めた。一九五一年創刊の『カイエ・デュ・シネマ』誌に参加して、一九五七年から一九六三年まで編集長も務めた。一方、一九五〇年に短篇第一作『ある悪党の日記』を撮り、一九五九年に初の長篇『獅子座』を撮った（一九六二年公開）。「六つの教訓話」シリーズ（一九六三―一九七二）、「喜劇と格言劇」シリーズ（一九八一―一九八七）、「四季の物語」シリーズ（一九九〇―一九九八）などが有名で、二〇〇七年の『我が至上の愛～アストレとセラドン～』が遺作となる。ヌーヴェル・ヴァーグを代表する監督の一人で、恋愛をめぐる男女の行動を生き生きと描写した。

自らを説明するロメールの一見奇妙な言葉は、アンドレ・S・ラバルトのドキュメンタリー「我らの時代の映画」シリーズの一篇『エリック・ロメール、確かな証拠』（一九九四）第一部での発言だ。「多弁過ぎると非難されることとさえある」という「言葉の映画作家」、ロメールはグリフィスとムルナウというサイレントの監督を特に敬愛しているが、「どのような影響」を受けたのか。映画批評家のジャン・ドゥーシェがこのように尋ねる。するとロメールは、「私はサイレントの映画作家であって、グリフィスとムルナウはトーキーの映画作家だから」と答えて、矛盾はないとする。さらに監督は、リヴェットやゴダールと同じく、「私もサイレントの映画作家だ」と念を押す。ジャック・リヴェットが処女短篇『四隅で』（一九四九）等、初期に何本かサイレント映画を撮ったように、ロメールも『ある悪党の日記』という字幕付きのサイレント映画によって監督の経歴を開始した。これが、ロメールが自らをサイレントの監督とみなす直接的な理由である。

　しかし、これだけでは彼の真意を十分に理解したことにはならない。一九四八年の批評「トーキー映画のために」のなかで、ロメールは映画史をサイレント映画と単なる「サウンド映画」の二段階に分け、真のトーキー映画を待ち望むと述べた。真のトーキー映画はサイレント映画と同質であり、一九三〇年以降に撮られてきた単なるサウンド映画とは異質とされた。サイレント映画は言葉のない映画ではない。そこでは、字幕の言葉は作品が語る物語世界の内外で意味作用という機能を果たしている。しかし、単なるサウンド映画は台詞という話し言葉を音として処理し、その意味作用は物語世界の内部でしか機能しない。これに対して、真のトーキー映画は外部での言葉の意味作用を取り戻す。すなわち、言葉は物語世界の外部にあるか、または内部にあっても、内部とは異なる意味作用を観客に示して機能する。その結果、言葉は「視覚的要素に対して副次的な重要性を持つもの」となるのだ。

　ロメールが撮るのは、まさにこのような真のトーキー映画だ。例えば、『緑の光線』(一九八六)では、日付を示す字幕が物語世界外の言葉として、サイレント映画のように繰り返し挿入される。物語世界内の言葉の例を挙げよう。ヒロインのデルフィーヌが女の友人たちと庭で話をする場面では、彼女はベアトリスと口論になる。「頑固さをどうしましょう」と、ベアトリスは雑誌の星占いをまるでヒロインを責めるように読み上げる。ここで観客はヒロインへの非難が妥当かどうか考えるが、これはヒロインの人物造形に関わる問題で、それ故作品全体の理解にも関係する。その一方で、同じ会話のなかで、ヒロインは今年の色とされる「緑をよく見かける」と語る。この台詞はラストの緑色を予告しつつ、ロメールの映画におなじみの主題、偶然と必然を観客に喚起してもいる。『モード家の一夜』（一九六九）や『冬物語』（一九九二）に登場する、パスカルについての哲学的議論はもっと直接的な例だ。このように言葉は物語世界の内部だけでなく、外部でも重要な機能を果たしている。この点で、ロメールの映画はサイレント映画に連なるものなのだ。（伊藤洋司）

27

敗者は映像を持たない。

―――

大島渚

Oshima Nagisa

(1932–2013)

岡山県生まれ。京都大学卒業後、松竹に入社。1960年に『日本の夜と霧』の公開4日後の上映打切を理由に同社を退社、創造社を設立し映画製作を続けた。主な作品に『愛と希望の街』(一九五九)『青春残酷物語』(1960)『日本春歌考』(1967)『少年』(1969)『儀式』(1971)『愛のコリーダ』(1976)『戦場のメリークリスマス』(1983)『御法度』(1999)など。

出典:「敗者は映像を持たない」、大島渚著・四方田犬彦編
『大島渚著作集　第二巻――敗者は映像をもたず』所収、現代思潮社、2008年、162頁。

大島渚が提示したこのテーゼに対して、否定的な反応を読んだことがある。弱者だって人間だ。そういう立場の人間にも、映像を持つ権利はあるはず。それさえ許さないとは、大島渚はなんと傲慢な人なのだろう。

　右の反応は少し面白いけれども、残念ながらあわてん坊の勘違いにすぎない。極端な例を挙げよう。一九四五年八月の広島と長崎への原子爆弾投下である。私たちが見ることのできるその映像は、原爆を落とした当の爆撃機に同乗したカメラマンによって撮影された映像である。広島や長崎の市民が頭上にカメラをむけ、未曾有の爆発を撮影する、ということは不可能な行為である。

　日本軍大本営の撮影による映像は真珠湾攻撃をはじめ、戦争初期にはたっぷりとある。機先を制して

『儀式』

戦況を優位に進めた初期は、従軍撮影班が大いに活躍したらしい。ところが戦況の悪化にしたがって、日本側の映像は極度に少なくなっていく。

『大島渚著作集　第二巻――敗者は映像をもたず』（現代思潮社）に収録された文章「敗者は映像を持たない」（原著『体験的戦後映像論』（朝日新聞社／一九七五年））の中で、大島は書く。「昭和十七年六月五日のミッドウェー海戦は、日米間の勝敗逆転の岐路と言われるが、この時すでに日本側のフィルムはない。アメリカ側が撮ったのがほんの少しあるだけである」。物理的にフィルムの欠乏が深刻化したこともあるが、映像を撮る余裕も意志もなくなっていた。「日本が撮った最後の戦争場面が神風特別攻撃隊の出撃風景であったのは、さこそと思われる。そしてそれは出撃風景だけで、敵艦隊に攻撃をかけ、打ち落とされてゆく姿はアメリカ側のフィルムで見るほかはない」。

さらに大島は、昭和二〇年八月一五日の玉音放送に、映像も記念写真さえも伴っていなかった点を問題にする。「あの日のあれは、まさに映像を伴わない音として私たちに与えられたことに決定的な意味があったのである。私たちの映像の歴史は、どんな映像が存在したかということより、どんな映像が存在しなかったかということの歴史なのである」。勝者の目線による映像がデフォルトとなって歴史が作られ、叙述される。さらには、それが敗者の罪状をも恩赦するという、おそろしい機能さえ持っているわけである。

原爆は落とされた側による映像がない。また、ホロコーストには映像もまったく残されていない。強制収容所へのカメラの持ちこみは禁止されており、ユダヤ人虐殺の惨状については、クロード・ランズマン監督の一〇時間近いドキュメンタリー『ショアー』(一九九七)をはじめ、かろうじて生き残った人々の証言に耳を傾けるしか、当時の状況を知るすべがない。これは一九三七年の日本軍による南京大虐殺にしても同様である。被害状況を示す映像は、隠蔽される。加害者にとって都合の悪い映像が、歴史に残らないよう案配されるわけである。この意識的・無意識的な隠蔽の案配は、戦争の記憶が風化した現代社会に暗い影を再び落とし、ホロコーストはなかった、南京大虐殺は捏造だ、という歴史改ざん傾向に拍車をかける。

敗者には映像を持つチャンスはない。いったんそのように大島は、無感動といささかの自戒を秘めつつ放言してみたのだろう。でも、これは巨大な歴史的反語なのだと解釈できないか?「日本映画はずっと民衆の被害者意識に引きずられてきた。民衆が被害者意識を持つのはしかたがない。しかし作家までが持ってどうする。作家は、自由を求めて戦わなくてはならない。たとえ苦しくとも、たとえ傷つこうとも」。ドキュメンタリー番組『日本映画の百年』(一九九五)の中で、みずからナレーターを務めた大島はそのように主張した。

反語解釈によって、そしてパーソナルテクノロジーの発達に鑑みて、次のように語を転倒させてみる。するときわめて大島的なテーゼが浮上してきはしまいか。「敗者こそ映像を持つべく戦おう」。(荻野洋一)

28

自分は
アマチュア映画作家であって、
プロの役者だと思うよ。

——

ジョン・カサヴェテス

John Cassavetes

(1929–1989)

アメリカ・ミューヨーク州生まれ。アメリカン・アカデミー・オブ・ドラマティック・アーツで学び、1954年に映画俳優としてデビューしたのち、知人との演劇ワークショップをきっかけに、自身も監督として映画制作を始める。主な作品に『アメリカの影』(1959)『フェイシズ』(1968)『ハズバンズ』(1970)『こわれゆく女』(1974)『チャイニーズ・ブッキーを殺した男』(1976)『オープニング・ナイト』(1977)『グロリア』(1980)『ラブ・ストリームス』(1984)など。

出典:レイ・カーニー編『ジョン・カサヴェテスは語る』、遠山純生・都築はじめ訳、幻冬社、2001年、107頁。

ハリウッドの商業的な映画製作に抗い、独自の方法を築き上げた〝ニューヨーク・インディの父〟。妻であるジーナ・ローランズをはじめ、ベン・ギャザラ、ピーター・フォークといった、自身もそうであるところの〝プロフェッショナル〟の俳優の友人たちとのコラボレーション。その一方での〝アマチュア〟の積極的な起用。役者への全面的な信頼がもたらす〝即興〟と自由な動き、それを追う手持ちカメラ。顔の皺や肌理まであ りありと大写しにするクロースアップ。現代においてなおその神話性を高めるジョン・カサヴェテスという名が喚起する要素の断片を思いつくままにあげていくとすればキリがない。

だが、以上のような点のいずれについて語ったとしてもカサヴェテスの映画そのものを語ったことになりはしないだろう。自主製作というあり方にしろ、友人たちとの協働にしろ、自分やスタッフ・キャストの家族などを役者として起用することにしろ、そして手持ちカメラやクロースアップのような彼の映画のルックの一部を明瞭に規定する映画的手法にしろ、それら自体が彼の映画の目的であったわけではなく、彼がおかれた状況下で可能な選択肢のひとつであったに過ぎないはずだから。彼がいくつかの映画で上映時間の異なる再編集版をつくった（あるいはつくらざるをえなかった）ことについても同じことが言えるだろうし、彼が自身の作品について時として否定的な発言をせざるを得なくなるのも同様のことだろう。

こうした場でカサヴェテスの映画を解説することに困難がつきまとうのは、彼の映画を語ろうとすれば必ず、スクリーンに映し出されるものそのものに加えて、それらが生まれるために必要だった背景についてもまた語らざるを得ないからだ。(映画をつくるための)資金、(映画をつくるために必要な)友人や家族、(働くためのコンディションとしての)老い、(映画製作に費やされる時間としての)人生……。そして同時にそれらはしばしば、彼の作品の主題そのものでありさえする。『チャイニーズ・ブッキーを殺した男』(一九七六)でコズモは運営するストリップ劇場を守る資金のために右往左往するのだし、『ハズバンズ』(一九七〇)の男たちは友人の死によって昼夜を通して彷徨い歩き、『こわれゆく女』(一九七四)のメイベルが問いかけるのは精神の正常でも異常でもなんでもなくあの家庭に最後に残されたなにものかについてであり、『オープニング・ナイト』(一九七七)の大女優マートルが体現するのは演技とはなにかなどということではなく、かつて自分の一部をなしていたなにかを失ってなおそれでも生きることなのだ。観客はカサヴェテスの映画に、それがつくりあげられる過程そのもの、途中経過で書き込まれたもののさまざまな残滓を見る、と言ったら言い過ぎだろうか。

つくられた結果としてあるものが、それをつくる人々やつくる過程と渾然一体となり見分けがつかなくなるとき、そこで問題になるのはもはや、大資本か自主製作か、プロフェッショナルかアマチュアか、はたまたリハーサルによって練り上げられたものか即興か、そうした二者択一ではない。金、人、時間。それらはいかなる形態の映画製作にとっても必要不可欠なものなのだ。カサヴェテスはその諸条件の中のある部分を徹底的に拒否したが、諸条件そのものを無視したのではない。むしろそれらの諸条件をただひたすらに問い直すことにおいて彼の作品群は生まれた。

このページに掲げられた言葉に続いて、「もし『プロフェッショナル』が仕事をしなければならないって意味で、『アマチュア』が仕事を喜んでやるって意味なら、多くの人がアマチュアとして仕事をする機会を求めてると思う」とカサヴェテスは言葉を続ける。金、人、時間。映画がその歴史を通じて己から切り離すことの出来ない諸条件の只中で、カサヴェテスはそれらがそのままで本来あるべき価値を持つために闘い続けた。だから、ここで選ばれる彼の言葉が次のようなものだったとしても、それはたぶんほとんど同じことを言っているのだ。「ぼくが興味を持つのは愛だけだ。それと愛の欠如だけだ」。（結城秀勇）

29

変よ。何も見えないことを恐れるなんて。

―――

マルグリット・デュラス

Marguerite Duras

(1914-1996)

フランス領インドシナ連邦生まれ。1943年に『あつかましき人々』で小説家デビューしたのち、自伝的小説『太平洋の防波堤』がゴンクール賞にノミネートされ大きな話題を集める。舞台の戯曲を手がけたのち、アラン・レネ監督の『ヒロシマ・モナムール』(1959)の脚本に参加することで、自身も映画製作を手がけるようになる。主な作品に『ナタリー・グランジェ』(1972)『インディア・ソング』(1976)『トラック』(1977)『ヴェネツィア時代の彼女の名前』(1978)『アガタ』(1981)など。

出典:『デュラス、映画を語る』、岡村民夫訳、みすず書房、2003年、118頁。

マルグリット・デュラスと映画との関わりはまず、ルネ・クレマン『海の壁』(一九五七)、ピーター・ブルック「雨のしのび逢い」(一九六〇)など、原作を提供する小説家としてであった。そこから、一九五九年にアラン・レネの依頼を受けて『ヒロシマ・モナムール』の脚本を執筆したことで、映画制作へと関わるようになる。一九六六年には『ラ・ミュージカ』で自ら監督としてデビューし、短編作品も含めれば二十本近い監督作品を残している。

そもそもデュラスが映画を作るようになったのは、自分の小説を原作とした作品に満足できなかったからだった(『語る女たち』〈河出書房新社〉)。というのも、デュラスの小説を映画化した作品のほとんどは、彼女の言葉を「凡庸化させる」ことや、その「空白を埋め」ることによって、つまり彼女のテクストを映画の形式に従わせることによって物語を語ろうとしていたからだ。それに対して彼女が望んだのは、言葉の貧しさを映像によって置きかえるようなやり方ではなく、映像を「それ自体としてはいかなる意味もない、美しくも醜くもなく、その上を通過するテクストによってのみ意味を持ってくるような」(『緑の眼』〈河出書房新社〉)ものとすることだった。

彼女の手によってそうした実験が行われた作品が『インディア・ソング』(一九七四)である。一九三〇年代のインド・カルカッタ大使館を舞台に、フランス大使の未亡人アンヌ=マリー・ストレッテルと、彼女に思いを寄せるラホール副領事の恋物語が語られる。だがこの映画において、音声はすべて画面の外から聞こえ、画面に現れる人物たちは一度として言葉を発することがない。人々が歩いたり踊ったりする映像に対し、異なる時制を有した複数の声が重なり合っていく。そのとき、緻密に構成された声と音楽は映像と独立して存在しており、二つの結合によって一つの物語が語られるのではなく、そのズレによって必然的にそこに複数の物語が共生するようになる（「物語の外部の声の発見は、物語が忘却の中で平衡を失い、作者の記憶以外の記憶にその物語の自由な処理を任せることを可能にした」〔『インディア・ソング』〕）。

さらにこうした映像と音声の実験は、『インディア・ソング』のサウンドトラックはそのままに、『インディア・ソング』のロケ地パレ・ロスチャイルドで再び撮影を行った『ヴェネツィア時代の彼女の名前』（一九七八）において、より過激に結実する。かつて絢爛豪華な概観を有していたその洋館は、床は朽ち果て、壁は崩れ落ちんばかりで、人影も見当たらない。撮影を務めたブリュノ・ニュイッテンは『デュラス、映画を語る』（みすず書房）の中で、この映画現場にて映画学校で学んだものとはまったく異なる全て自然光にて行われる撮影方法に戸惑い、フィルムに露光するための明るさが足りず何も映っていないのではないかとつねに不安に苛まれていたと語っている。それに対するマルグリット・デュラスの返答が「変よ。何も見えないことを恐れるなんて」という言葉である。廃墟の中を緩やかに移動して捉えられたその映像は、実際それ自体としてはあまり多くの意味を有していない。むしろ上流階級の恋をめぐる音声がその上を横滑りしていくことによって、すでにそこには映っていない記憶こそが呼び起こされるのだ。『インディア・ソング』以上に分離してしまった映像と音声の二つが映画上で共にあることにおいて、その空隙はさらに広がり、さらに無数の物語を呼び込むことになる。

デュラスは自らの映画を「異種の映画《シネマ・ディフェラン》」と呼んだ。世間に流通している猿真似の映画とは別の映画をつくる。今までにないような映画の使い方をする。そうしたデュラスの態度は、彼女がまず何よりも小説家であったことに大いに関係しているだろう。しかし、彼女によって進められた、映像と音のスムーズな結合への懐疑に基づく、「外部の声」による実験が、映画の新たな可能性を切り開いたこともまたまぎれもない事実だろう。（渡辺進也）

描かれる映画監督——創始者、革新者、よそ者たち

文=降矢聡

あらゆる映画はもうすでに撮られてしまった。これからは過去の作品の引用と反復でしかない。

ことの真偽はともかく、現在の映画監督が先達を自らのフィルムに収めようとするとき、それもフィクションの中で先達になにかを語らせるとき、その言葉はどこへなぜ放たれたものになるのだろうか。

『ことの次第』には、監督であるヴィム・ヴェンダースと同じくドイツからアメリカへ渡ってきたフリッツという名の男（この名はフリッツ・ラング、そしてF・W・ムルナウを想起させる）の映画製作に伴う困難が描かれている。本作にはサミュエル・フラーやロジャー・コーマンなどの姿も見えるが、行方をくらましたプロデューサーを探すドライブの途中に電話ボックスへ立ち寄ったフリッツの口からムルナウの言葉が引用される。

「覚えていておくれ　僕には家庭がない　どの家にもどの国にも」

本作が撮られたのは一九八二年。家庭＝homeとは、あらゆる映画の主題であり、映画そのものがhomeそのものでもあったとするならば、ヴェンダースが語らせたこの言葉は、デジタル化、ビデオの普及などによる映画の変容をまざまざと感じていた彼なりの未来展望だろう。

映画は己が変容を迫られるとき、自らのはじまりに立ち戻る。ヴェンダースにとって、それはムルナウであり、立ち戻るための道のり、失われた映画＝homeを求める寄る辺なきドライブ自体が映画となる。そして、マーティン・スコセッシにとって、それはジョルジュ・メリエスだった。彼は、VFXの創始者として知られるメリエスの映画＝夢を最新技術を用いた自身初の3D映画『ヒューゴの不思議な発明』（二〇一一）の中で語り直す。

また、タヴィアーニ兄弟が監督した『グッドモーニング・バビロン！』（一九八七）では、D・W・グリフィスに、遠い昔の名もなき石工たちが作り上げた大伽藍と同じく、映画もまた「皆の夢の結晶である」と語らせ、ティ

COLUMN 4

ム・バートンは『エド・ウッド』(一九九四)で、オーソン・ウェルズに「夢のためなら戦え。他人の夢を撮ってどうなる？」と映画製作が難航し、心が折れる寸前のエド・ウッドを鼓舞させるだろう。『僕と彼女とオーソン・ウェルズ』(二〇〇九／リチャード・リンクレイター監督)のウェルズも「他人の夢」を顧みず、自らの理想を追う怪物的人物として描き出されていたことも付け加えておこう。

さらには、大実業家ハワード・ヒューズの夢と狂気を描いた『アビエイター』(二〇〇四／マーティン・スコセッシ監督)、〝ギミックの帝王〟と呼ばれたウィリアム・キャッスルをモデルとした(容姿はヒッチコックのようだが)『マチネー／土曜の午後はキッスで始まる』(一九九三／ジョー・ダンテ監督)など映画界のよそ者、異端児も描き出されてきた。その他、ジョン・ヒューストンをモデルとした破天荒な映画監督を描く『ホワイトハンター ブラックハート』(一九九〇／クリント・イーストウッド監督)など枚挙にいとまがない。

そして、創始者であり革新者、あるいはよそ者たちによって紡がれてきた映画は、制度との、あるいは時代との闘いでもあった。

例えば、木下恵介の『陸軍』(一九四四)のラストシークエンスをめぐる陸軍省、そして松竹とのトラブルを基にした『はじまりのみち』(二〇一三／原恵一監督)、ハリウッド・テンの一人、脚本家・映画監督のダルトン・トランボの伝記映画『トランボ ハリウッドに最も嫌われた男』(二〇一五／ジェイ・ローチ監督)などは記憶に新しい。赤狩りの時代に剝奪されつつあった映画の自由をトランボとともに守り救ったのは、元ピンボールの販売員のキング兄弟であり、反骨の人、オットー・プレミンジャーであった。

先達に夢を見る者、闘いを見る者。しかしそれらは結局は、ノスタルジックな懐古へと集約してしまうのだろうか。ウディ・アレンの『ミッドナイト・イン・パリ』(二〇一一／ルイス・ブニュエルが登場する)の一九二〇年代のパリを愛する脚本家のように？

そんなことはない、とヴェンダースは言う。彼はとある講演で『ことの次第』の上映前に、今まさに変容の最中にある映画のことを語り、こう続けた。

「パイオニアとは、私たちが彼らから過去よりも未来について多くを学べる人たちのことなのです」。

スタッフが
あのシーンは面白いとか、
ラッシュを観た誰かが
素晴らしいなんて
言ったりしたら
気をつけたほうがいい。

—

フランシス・フォード・コッポラ

Francis Ford Coppola

(1939-)

アメリカ・ミシガン州生まれ。ロジャー・コーマンのもとで低予算映画を製作ののち、自身のプロダクションであるアメリカン・ゾエトロープ社を設立。主な作品に『フィニアンの虹』(1968)『ゴッドファーザー』(1972)『地獄の黙示録』(1979)『ランブルフィッシュ』(1984)『ペギー・スーの結婚』(1986)『レインメーカー』(1997)『コッポラの胡蝶の夢』(2007)『Virginia /ヴァージニア』(2011) など。

出典:エレノア・コッポラ『「地獄の黙示録」撮影全記録《ノーツ》』、岡山徹・訳、小学館文庫、2001年、83頁。

フランシス・コッポラの作品を見た者は、誰もが決して忘れられない場面をいくつか、印象的に思い出すだろう。『ゴッドファーザーPARTⅡ』（一九七四）で、少年時代のヴィト・コルレオーネがアメリカに移住してくるとき、その眼に映る自由の女神。今も不滅の輝きを放つ『地獄の黙示録』（一九七九）のワルキューレの騎行のスペクタクルなど……。

この言葉は、妻エレノアによる『「地獄の黙示録」撮影全記録《ノーツ》』（小学館文庫）で紹介されたものだ。混乱を極める狂気の現場。そのドキュメンタリー『ハート・オブ・ダークネス』（一九九一）では、精神的に追い詰められたコッポラが、自分のこめかみに銃を押し当てる姿も見られる。そんな中、自分が撮ったものをスタッフたちが認めていないという、疑心暗鬼に駆られたコッポラが、主演のマーチン・シーンに漏らした言葉がこれである。

『地獄の黙示録』

なるほどこの言葉には、他者の評価を迂闊には信じまいという、彼のかたくなさが見え隠れする。しかし多くの印象的なシーンと裏腹に、「ある場面を突出させる」映画作りなど決してやらないという、彼の姿勢もまた同時に示しているように思う。

コッポラが描くのは持続的な時の流れであり、その流れの中での人々の営みだ。人は変わる。そしてその変わりゆく人をじっと見つめる、もう一方の人物の反応。それらの堆積がコッポラの作品だ。普通の青年として生きるはずだったマイケル（アル・パチーノ）が、ファミリーのボスとしてみるみる人が変わっていくのを、じっと見ている腹心のトム（ロバート・デュバル）と妻のケイ（ダイアン・キートン）の反応が、『ゴッドファーザー』三部作を牽引する要素だったことにそれは顕著だ。

コッポラの映画では、人は時の流れの中でいつか必ず自分自身に出会う。けれどそのとき自分が決して以前の自分と同じではないことに気づく。過去の自分と向き合う『ペギー・スーの結婚』（一九八六）。逃避行の果てに自己を確立する『アウトサイダー』（一九八三）。人の四倍の速さで老いる奇病を持つ『ジャック』（一九九六）。そして時を超えて自己を探求する『コッポラの胡蝶の夢』（二〇〇七）……。

変わりゆく自分を見出そうとするコッポラの映画作りは、だからスタッフはもとより俳優自身の人生にも肉薄するため、彼らの身も心も追い詰めていく。マーチン・シーンは『地獄の黙示録』で自分が演じる人物を見失い、ついに「この男はいったい誰なんです？」と尋ねた。するとコッポラは「彼は君自身だよ。場面を演じている君がウィラードだ」と答えたという。加えて「映画作りは撮影するだけでなく、撮影現場の状況と雰囲気、各個人が何を感じるか、それを見るのが大切だ」と述べるように、撮影時の環境そのものを作品にとりいれ、関わる者を巻き込んでいく。

巻き込まれるのは家族も同様だ。妻エレノアだけでなく、当時まだ幼い娘ソフィアも父の現場に感化されたか、後に映画監督になる。マーチン・シーンの息子、エミリオ・エステベスも、少年時に『地獄の黙示録』の撮影現場で過ごし、後に俳優として『アウトサイダー』に出演した。エステベスはその回想録で、コッポラの現場を「偶然のできごとが往々にしてアートに転換する」と記している。撮影現場では、俳優たちはみな映画の物語さながら共同生活を強いられ、その中からにじみ出たものを本番に使ったのだと。

そんなコッポラだからこそ、何度もの破産の後、自己資金だけで自由な映画作りを楽しむ、近年の動きを好ましく思う。『ランブルフィッシュ』(一九八三)の少年たちが集う〝ベニー〟というバーの名は、『テトロ 過去を殺した男』(二〇〇九)の主人公の弟と同じ名前であることに気づくとき、彼の作品群こそひと続きの連続した時間の中にあることの証だと、思わずにいられない。

映画作りを職人的な技術として、手際よく量産する監督がいる一方、コッポラのように人生そのものを撮影現場に放り込む、埋没型の監督がいる。そこに映画という芸術の巨大さ、多様さがある。だからこそ映画はすばらしいと思わせられる。(南波克行)

物語などは不可能なのです。
しかしまた、
物語なしに生きることも、
私たちには不可能なのです。

ヴィム・ヴェンダース

Wim Wenders

(1945-)

ドイツ・デュッセルドルフ生まれ。医学、哲学、彫刻を専攻したのち、映画監督となる。1970年代のロードムーヴィー三部作が世界的な名声を得る。主な作品に『都市の夏』(1970)『都会のアリス』(1974)『まわり道』(1975)『さすらい』(1976)『アメリカの友人』(1977)『パリ、テキサス』(1984)『ベルリン・天使の詩』(1987)『夢の涯てまでも』(1991)『ブエナ・ビスタ・ソシアル・クラブ』(1999)『ランド・オブ・プレンティ』(2004)『誰のせいでもない』(2015)など。

出典:「物語の不可能性」、ヴィム・ヴェンダース『映像(イメージ)の論理』、三宅晶子・瀬川裕司訳、河出書房新社、1992年、146-147頁。

これは一九八二年に伊リヴォルノで行われた講演「物語の不可能性」（『映像（イメージ）の論理』〔河出書房新社〕所収）の中で語られた言葉で、ヴェンダースはさらに「ここで皆さんは、どうしようもない矛盾を抱え込むことになるのです」と継いで講演を締めくくっている。つまりこの言葉は、矛盾を抱え込んでいることを前提に発せられたものであり、ヴェンダース自身がそのジレンマを抱えて映画を作っていることを表明したものである。

ヴィム・ヴェンダースは、俗にロードムーヴィー三部作と呼ばれる『都会のアリス』（一九七三）『まわり道』（一九七四）『さすらい』（一九七五）やパトリシア・ハイスミスの原作を映画化した『アメリカの友人』（一九七七）などによって、ヴェルナー・ヘルツォークやライナー・ヴェルナー・ファスビンダーらとともに〝ニュー・ジャーマン・シネマ〟の旗手として脚光を浴びた。そして『アメリカの友人』を気に入ったフランシス・フォード・コッポラからの依頼を受け、初めてハリウッドで『ハメット』（一九八二）を監督するも、コッポラとの意見の衝突により撮影途中で脚本家が交代するなど製作は困難を極める。その撮影休止中に急遽作ったのが、資金難により映画制作を中断することになった撮影チームを描いた『ことの次第』（一九八二）だ。ヴェンダースが「物語」へのジレンマを表明した講演が、この二作の公開と時を同じくして行われているのは偶然ではない。『ことの次第』の主人公の映画監督は「物語は語れるが、残酷なことに物語が入ると生命が逃げていく」と語る。ヴェンダースは講演の中で、この映画監督の人物像に個人的なジレンマが反映されていることを認めた上で、「物語が入ると生命が逃げていく」と語った映画監督自身も結局は物語に巻き込まれ、物語に殺されたのだと説明する。「明らかにこれはパラドックスです。しかし、これこそは私が物語にして語りたいと思うただ一つのことです。つまり、物語とは唯一の解決不可能なパラドックスなのです」。

私の興味は映像にある。しかし、映像は編集されると物語を語ろうとしてしまう。しかし、物語は映像の血を吸いつくす吸血鬼だ。しかし、物語は人間に対して大きな意味をもたらし、映像に秩序を生み出す。しかし、物語は嘘をつく。しかし、私たちはその嘘を必要としている……。「解決不可能なパラドックス」という言葉に準ずるかのように、このヴェンダースの講演自体もまた逆説の積み重ねによって構成されている。その逆説の積み重ねは、ここで

『都会のアリス』

「私は物語を完全に拒絶します」と断言したヴェンダース自身のその後の歩み――『パリ、テキサス』(一九八四)から〝ストーリーテラー〟を主人公とした近作『誰のせいでもない』(二〇一五)、『アランフェスの麗しき日々』(二〇一六)に至るまでの「物語」との格闘の継続を暗示しているようでもある。

ゆえにヴェンダースという映画作家について考える上では、この言葉が矛盾を孕むこと自体を重視したくなるのだが、そもそも何故「物語など不可能」であるのか? 実のところここで不可能である理由は明確に提示されていない。しかし、同時期に行われたインタヴュー(「かつて映画にどよめいていた声に別れを告げて」(同掲書))においてヴェンダースが、「映画がもはや新しいものを語ることができなくなってしまったのは何によるか」という質問に対して、「君はどうしてまだ映画館なんかに行くんだい。だって新しい映画なんてもう見られないだろう。みんな一度語られた話ばかりじゃないか」というフリッツ・ラングの発言を引くことで応じていることからも、「物語など不可能」という言葉が「映画の死」と不可分であったことは明らかだ。そして彼にとって、「映画の死」とは映画が映画館の外の現実と何の関係も持たなくなることであり、映画は現在も依然として死に瀕しているのだろう。だが、ヴェンダースの作品やこの言葉に共鳴し、自らの物語り=ナラティヴを模索する映画作家によって新たな映画が生み出されているのもまた事実なのだ。(黒岩幹子)

32

映画をつくるには
まずキャメラの前に
演劇を見せねばならない。

マノエル・ド・オリヴェイラ

Manoel de Oliveira

(1908–2015)

ポルトガル・ポルト生まれ。サイレント期から映画製作を手がけ、100年を越える生涯の最後まで現役の監督であり続けた。主な作品に『ドウロ河』(1931)『アニキ・ボボ』(1942)『春の劇』(1963)『フランシスカ』(1981)『ノン、あるいは支配の虚しい栄光』(1990)『アブラハム渓谷』(1993)『クレーヴの奥方』(1999)『家路』(2001)『夜顔』(2006)『ブロンド少女は過激に美しく』(2009)『アンジェリカの微笑み』(2010)『家族の灯り』(2012)など。

出典:マノエル・ド・オリヴェイラ「上演表象と映画をめぐって」、
『マノエル・デ・オリヴェイラと現代ポルトガル映画』所収、エスクァイアマガジンジャパン、2003年、61頁。

マノエル・ド・オリヴェイラは、デビュー作『ドウロ河』（一九三一）を撮る上で影響を受けたというセルゲイ・エイゼンシュテインとは異なり、演劇から映画を発見した人ではなかった。オリヴェイラは何よりまず故郷であるポルトを撮影するドキュメンタリー映画作家として登場したのである。その後スタジオで撮影された児童映画『アニキ・ボボ』（一九四二）が不評を被ったのは、オリヴェイラのドキュメンタリー作家としての事物への視線と無縁でない。『ドウロ河』の疾走するカメラに突如飛び込む造形的なドン・ルイス一世橋のダイナミズムと、川に煌めく光の躍動が、『アニキ・ボボ』で子どもたちの一人が線路脇の崖を転落して汽車に轢かれそうになるシーンの衝撃性につながっており（その時悲鳴を上げる少女の身振りは、エイゼンシュテインの映画の登場人物のごときそれであり、『ドウロ河』の女性の姿を反復するものだった）、それは当たり障りのない劇映画を撮影していた当時の撮影所にはそぐわないものだった。

オリヴェイラが再び劇映画を発見するのは一九六三年の『春の劇』において、スペインとの国境の村で上演される雨乞いのキリスト受難劇と出会ったことにある。村人たちが手作りの受難劇を上演する経過を捉えようとしたドキュメンタリーの企画から出発して、いつしかこの企画は「劇の記録」そのものへ、そして「劇映画」そのものへと進化していった。つまりドキュメンタリー映画作家がいかにして「劇」というフィクションを撮影するのか、というオリヴェイラの思考のプロセスが『春の劇』には映し出されているのだ。本作はオリヴェイラ自身が制作、撮影、編集をつとめ、夫人が録音を担当した自主制作映画として実現した。助手にはパウロ・

ローシャとアントニオ・レイスという次世代のポルトガル映画を担う二人を伴ったこの映画の撮影は（彼らの以後の映画は『春の劇』の影響を被らずにはいられなかった）、映画産業に厳しい検閲の介入したサラザール独裁政権時代の状況下において、前代未聞の映画的冒険だったのである。

一九七五年の『ベニルデまたは聖母』から一九九〇年の『私の場合』までの時期が、オリヴェイラの最もダイナミックな進展と破天荒な面白さが見られる時期と言えよう。スタジオのセット裏から出発したカメラ前の上演として、「第〇幕」とシーンを区切られて撮られた処女懐胎室内劇である『ベニルデ』。そしてテレビ作品『破滅の愛』（一九七八）は、ポルトガルの国民的作家カミーロ・カステロ・ブランコによる、すでに二度も映画化された「ロミオとジュリエット」的小説を、あたかも映画に「乗せる」ような作品——登場人物の台詞と画面の外からのナレーションとして朗誦することで示す作品——だった。さらにポール・クローデルの大作戯曲を映画に「乗せた」『繻子の靴』（一九八五）では、劇場に集まった観客を前に始まる演劇のステージ上のモニターにカメラが近づいていくところから始まり、六時間五〇分後に再びステージを見せて映画は終わる。

再現表象としての芸術=演劇は、あっという間に過ぎ去ってしまう人生を思考するために必要なものであるとオリヴェイラは考える。しかし、それを記録する映画自体を人生そのものだと思わせることには反対する。「映画をつくるにはまずキャメラの前に演劇を見せねばならない」のは、観客を映画/映像の内と外に同時に置く必要があるからだ。オリヴェイラは映像を中心としたメディアによる支配が続く現代において、映像を成り立たせる諸要素をその作品において分析しつつ、同時に私たちをその作品によって感動させるという、現代映画のプロセスを身を以て生き、そして示してくれた稀有な人なのだ。(赤坂太輔)

『アブラハム渓谷』

33

私たちの映画は決して誰にも夢想させようとはしていません。どの映画においても、私たちはある夢もしくは悪夢を物質化しようとしてきました。

—

ジャン=マリー・ストローブ

Jean-Marie Straub

(1933-)

ダニエル・ユイレ

Danièle Huillet

(1936-2006)

ストローブはフランス・メス生まれ、ユイレはフランス・パリ生まれ。ヌーヴェル・ヴァーグの世代と同時期に活動を始め、以後、活動の拠点を移しながら夫婦で映画制作を続ける。主な作品に『アンナ・マグダレーナ・バッハの日記』(1968)『歴史の授業』(1972)『モーゼとアロン』(1975)『早すぎる、遅すぎる』(1982)『エンペドクレスの死』(1987)『セザンヌ』(1990)『シチリア!』(1999)『労働者たち、農民たち』(2002)『あの彼らの出会い』(2006)など。またペドロ・コスタ監督によるドキュメンタリー作品『映画作家ストローブ=ユイレ/あなたの微笑みはどこに隠れたの?』(2001)がある。

出典:『映画監督の未映像化プロジェクト』、細川晋訳、エスクアイア マガジン ジャパン、2001年、43頁。
(引用に際し一部訳語に変更を加えた)

ドイツ国境に近いフランス・ロレーヌ地方のメスに生まれたジャン＝マリー・ストローブは、第二次大戦中の少年期をドイツ占領下で過ごす。解放後、映画に目覚めた彼は、やがて地元のシネクラブの運営を任される。一九五四年にパリに出て、IDHEC（映画高等学院）進学クラスで学び、そこで生涯のパートナーとなるダニエル・ユイレに出会う。後のヌーヴェル・ヴァーグの面々と親交を深めつつ、シネマテーク通いをする傍ら、彼はガンス、ルノワール、リヴェット、ブレッソン、アストリュックらの現場に出入りして映画製作の経験を積む。折しもアルジェリア戦争中であったが、一九五八年、アルジェリア独立支持のストローブは、兵役を忌避しドイツに亡命する。遅れてユイレも合流し、一九六三年に最初の短編『マホルカ＝ムフ』を共同監督。ついで彼らは『妥協せざる人々』（一九六五）、『アンナ・マグダレーナ・バッハの日記』（一九六八）を製作し、ニュー・ジャーマン・シネマを先導する。さらに一九六八年以後、活動の拠点をイタリアに移し、文学・演劇・政治的テクストを映画化した数々の先鋭的な作品を世に問うていく。

先のフレーズは、ヴィム・ヴェンダースが責任編集した『カイエ・デュ・シネマ』四〇〇号特別記念号に掲載された彼らの手紙の一節だが、これには「（「感覚を物質化する」とセザンヌは言っています）。多くの場合、第三者の夢、たとえばヘルダーリンの（共産主義の）夢です」という言葉が続く。これほど彼らの映画作りの姿勢をはっきりと示した言葉は他にあるまい。ここでは二つのことが言われている。第一に、彼らにとって映画とは、「夢の工場」と呼ばれたハリウッド映画を初めとする多くの映画がそうであるような、観客に夢を見させるものでは断じてなく、むしろ徹底的に醒めた視線で政治的・経済的現実（つまり「階級関係」）に観客を向き合わせるものであること。第二に、彼らが映画作品として視覚的・聴覚的に物質化する〔matérialiser〕ものは、第三者（セザンヌ、ヘルダーリン等々）が見た夢（しかも作品としては、しばしば未完という形を取った）であって、自分自身が見た夢ではないことである。この点において、彼らはフェリーニのような映画作家の対極に位置している。彼らにとって自分自身の見た夢を映画にしてみせることほど、破廉恥でおぞましいことはない。

では彼らが自作の主題とする「第三者の夢」はいかなる親和力によって選ばれているのか。それは人生における「偶然の出会い」からである。そして彼らの「個人的感情、人生体験、あるいは怒り」と一致しないかぎり、それらは映画にはならない。「怒

『シチリア！』

り」が「偶然の出会い」を引き寄せる。それは、たとえばカール・ドライヤーがキリストの生涯を映画化することすら可能にさせないような「カエルの屁ほども価値がない社会」に対する怒りである。

だが、彼らを突き動かすものが怒りであるにせよ、彼らの作品の魅力はもちろんそれに尽きるものではない。「現代の映画に欠けているものは美、木々の間をそよぐ風の美、木々の果実を美しく揺らすその小さな運動だ」というD・W・グリフィスの戒めを肝に銘ずる彼らは、『アンナ・マグダレーナ・バッハの日記』のような室内劇にも、窓の外でそよぐ木々や、夕暮れの海岸に打ち寄せる波のショットを周到に挿入することを忘れはしないし、美しい陽光の射す森の中で神々と人間が対話する『あの彼らの出会い』(二〇〇六)などはその真骨頂だろう。自然と交歓する彼らの映画は、古代ギリシアの哲学者エンペドクレスが唱えるところの、物質界を構成する地・水・火・風の四大元素の流転をフィルムに定着させている。彼らが唯物論者〔matérialiste〕であるのは、まさにこの意味においてなのだ。(葛生賢)

34

映画の中では
二回死んだ。
どっちも
成功しなかったな。

―――

クリント・イーストウッド

Clint Eastwood

(1930-)

アメリカ・カリフォルニア州生まれ。俳優として数多くの西部劇をはじめとする作品に出演後、1970年代より監督としても活躍を始める。主な作品に『恐怖のメロディ』(1971)『荒野のストレンジャー』(1973)『センチメンタル・アドベンチャー』(1982)『ペイルライダー』(1985)『許されざる者』(1992)『マディソン郡の橋』(1995)『ミスティック・リバー』(2003)『チェンジリング』(2008)『ハドソン川の奇跡』(2016)など。

出典:ロジャー・エバート「日本初公開インタビュー」、『文藝ムック クリント・イーストウッド』(河出書房新社)所収、南波克行訳、河出書房新社、2014年、37頁。

クリント・イーストウッドは、俳優だけでなく監督もはじめた理由を、せっかちだからと（少し冗談めかして）説明している。俳優は待ちの時間が長いが、監督ならテイクの合間も動き回っていられると。ロジャー・エバートによる、一九八六年のインタビューでの言葉だ。

せっかちと言いながら、その経歴はむしろ辛抱強いとさえいえる。というのもハリウッド入りするもなかなか役がつかず、ようやく大きな知名度を得たのが、映画でなくTV俳優としてのこと。一九五九年に放映を開始し、その後七年も続く超人気シリーズとなる「ローハイド」である。テレビでの成功を糧に、一気にメジャー映画界進出と行きたいが、ここでイーストウッドはひとたび迂回する。イタリア映画への出演だ。声をかけたのは当時まだ無名のセルジオ・レオーネ。『荒野の用心棒』（一九六四）にはじまる西部劇三本が大当たりした後、ようやくハリウッドに凱旋す

『許されざる者』

る。つまり彼にとってハリウッドは三度目の転身だった。

「映画の中では二回死んだ」という言葉も、同じインタビューでのもの。彼が映画の中で死ぬのは、アメリカでの師、ドン・シーゲル監督の『白い肌の異常な夜』（一九七一）と、自身の監督作『センチメンタル・アドベンチャー』（一九八〇）である。「どちらも成功しなかったな」との言葉に「じゃ、もう映画で死ぬのはなしですか？」と問われ「人は学ばなくちゃな」と答えている。

しかし周知の通り、イーストウッドはその後『グラン・トリノ』（二〇〇八）でもう一度死んでいる。監督と主演の兼任は、これが最後と宣言したその作品で三度目の死を演じ、これは商業的にも大ヒットとなった。映画の中で死ぬときは、全体のために雄々しく往生することというのが、彼の学びだったのか。

イーストウッドほど、映画の中の「死」を深く見つめてきた人物も少ない。彼のあらゆる映画で、何らかの形で人は死に、その死から生じる波紋が映画全体を規定する。しかし映画における死とはなんなのか。現実においては、どのような命もみな平等に尊いというのが、少なくとも文明社会での建前である。だが映画の中では間違いなく、生命に軽重がある。

映画の中のヒーローが悪役を殺すとき、誰もが胸のすく思いをするだろう。悪人は死んでもかまわないからだ。しかし現実には死んでもいい人間がいるなどと、普通には考えない。これは映画が生む感情の最大の欺瞞である。映画の中でなら死んでもかまわない奴がいるのはなぜなのか。

そのことに誰よりも意識的なのがイーストウッドだ。彼の映画では「胸のすく思い」をさせたままでは終わらない。必ず一抹の苦みと共にそれを示す。たとえば『ルーキー』(一九九〇)のラストで、イーストウッドが敵を射殺するとき、相手の生命の重さは彼自身と同等である。

そんなイーストウッドだからこそ、逆に人がひとりも死なない作品が貴重に思える。そしてそんな映画もやはり三本ある。一つは自ら「大好きな企画」という『ブロンコ・ビリー』(一九八〇)。そしてもう一本は、南アフリカ大統領に就任した直後の、ネルソン・マンデラの行動を描く『インビクタス/負けざる者たち』(二〇〇九)。どちらの作品にも、祝祭的なまでの高揚感にあふれた大団円が待っている。そして『ハドソン河の奇跡』(二〇一六)。この作品の結末にも、笑顔以外の表情はどこにも映っていない。

自死から報復、決闘、病死に事故死、そして『ミリオンダラー・ベイビー』(二〇〇四)ではついに尊厳死の問題にも踏み込み、あらゆる種類の死を描いたイーストウッドだからこそ、人が誰も死なないこの三本に胸が熱くなる。

しかし彼にとっては、どちらも同じなのかもしれない。『許されざる者』(一九九二)で、関わる者どもを皆殺しにした主人公は、「死者を埋葬しろ、娼婦を人間らしく扱え」と叫ぶ。それを言い換えれば「他者に配慮し、弱者を助けろ」ということだ。これがイーストウッド作品すべてを貫く規範であり、それに対して忠実であることだけが生死を分かつのだ。(南波克行)

35

ぼくが死ぬほど恐ろしいと思っていることといえば、いつか目が覚めて、自分の映画が人を退屈させるようになっていることだ。

―――

スティーブン・スピルバーグ

Steven Spielberg

(1946-)

アメリカ・オハイオ州生まれ。カリフォルニア州立大学にて映画を専攻し、在学中に製作を手がけ始め、1972年にテレビ作品『激突!』を発表する。主な作品に『ジョーズ』(1975)『未知との遭遇』(1977)『レイダース/失われたアーク《聖櫃》』(1981)『シンドラーのリスト』(1993)『プライベート・ライアン』(1998)『マイノリティ・リポート』(2002)『宇宙戦争』(2005)『戦火の馬』(2011)など。

出典:マイケル・スラゴウ「『E.T.』直後のインタビュー」、南波克行訳、『スティーブン・スピルバーグ論』所収、フィルムアート社、2013年、67頁。

映画作りにおける、スティーブン・スピルバーグの姿勢をずばり表現したこの言葉は、『E.T.』（一九八二）公開直後、「ローリング・ストーン」誌掲載のインタビューによる。

『JAWS／ジョーズ』（一九七五）、『E.T.』、『ジュラシック・パーク』（一九九三）と、三度も映画史上の興行記録を更新した人物は他になく、映画データベースMojoによると、スピルバーグ監督作品の総興行収入は二〇一七年十一月時点で実に約四五億ドル。二位のマイケル・ベイを倍近く引き離しての歴代一位である。今後その差が開くことはあっても、狭まることは永遠にないだろう。まさに映画史上もっとも成功した監督なのだ。

このことは、観客を退屈させないという自らの最優先課題を、実現した結果だが、しかしどうしてそんなことが可能なのか。あまたのヒットメイカーとスピルバーグは何が

『E.T.』

違うのか。そのヒントと思われるのが、スピルバーグがその作品を撮った動機を問われて必ず口にする、「自分の物語だと思ったから」という言葉だ。語るべき物語を明確に持っていること、これがスピルバーグと他の映画監督を隔てる、最大のポイントではないか。

物語であるからには、それは必ず他者の興味を引くものであることが前提である。では、彼のいう「自分の物語」とは何か。それは、あいいれないはずの二者を、いかに結びつけるかの物語と要約できそうだ。

『未知との遭遇』(一九七七)や『E.T.』で示した異星人との交流。言葉が通じない者たちの関係作りを描く『ターミナル』(二〇〇四)。人種間の深い溝を巡る『シンドラーのリスト』(一九九三)、『アミスタッド』(一九九七)、『ミュンヘン』(二〇〇五)などの作品群。『オールウェイズ』(一九八九)では、生者と死者をつなごうとさえする。すべて相反する他者といかに結びつき得るかの物語だ。

一九四六年生まれのスピルバーグは、六〇年代に思春期を過ごした、ベビーブームど真ん中の世代である。それにしては驚くほど、カウンターカルチャーの趣味を感じさせない人物だが、ジョセフ・マクブライドによるスピルバーグの評伝によると、学生時代の友人の証言として、ベトナム戦争真っただ中のその時代、彼は反戦運動にはあまり関心を示さなかったが、公民権運動にはこだわっていたという。

スピルバーグ作品に一貫して読み取れるのは、人種や国籍、性別、場合によっては生物/非生物の間でも生じる、差別感情への違和だ。スピルバーグのもうひとつの大テーマである戦争も、その中に包含されるといっていい。なぜなら、差別意識に根差さぬ戦争というものが、そもそもあり得るだろうか。

そこに対立があるのなら、その解消を願わぬ人間は多くないだろうし、異なる二者も叡智と友愛で手をつなぎ得る。そのごく当たり前で大多数にとって普通の願いをとらえるが故に、スピルバーグ作品は普遍の力を持つ。彼のいわゆるファンタジーとは、決して夢見るところに起こる奇跡や、フェアリーテールのことでなく、あるいは可能かもしれない、融和への可能性を指すのだと信じる。『太陽の帝国』(一九八六)のジェイミー少年が、対立の刹那に必ず自分の母語ではない日本語、つまり相手の言葉で「私たちは友だちですよね」と訴え、頭を垂れるように。

『ジュラシック・パーク』と『シンドラーのリスト』など、娯楽作品と社会派作品の両方を常に同時進行させることに顕著なように、スピルバーグは映画製作においてどうしても両立しない永遠のテーマ、商業的成功と芸術的達成の両方を同時に実現する。これもまた、スピルバーグにおける対立する二者の融和という奇跡である。

娯楽作品だから芸術的に低いわけでも、芸術作品だから興行力を欠くわけでもない。芸術作品であっても高い娯楽性を有し、娯楽作品であっても高度な芸術性を宿す。すなわち総合映画としてスピルバーグは、至高の域に到達している。それが可能なのは、どのようなジャンルであれ、常に同じ内容、すなわち「自分の物語」を語ることに徹しているからだ。(南波克行)

執筆者一覧

氏名の後の番号は執筆項目

赤坂太輔（あかさか・だいすけ）05／12／32
一九六五年生まれ。映画批評・立教大学講師。シネクラブnew century new cinema主宰。共著に『マノエル・ド・オリヴェイラと現代ポルトガル映画』（エスクァイアマガジンジャパン）がある。

伊藤洋司（いとう・ようじ）18／26
一九六九年生まれ。中央大学教授・仏文学者。著書に*Appollinaire et la lettre d'amour*（Paris, Editions Connaissances et Savoirs）、『映画時評集成2004–2016』（読書人）など。

井上正昭（いのうえ・まさあき）14／19／22
一九六四年生まれ。翻訳・映画研究。訳書に『映画監督に著作権はない』（筑摩書房）、『恐怖の詩学 ジョン・カーペンター』（フィルムアート社）など。

荻野洋一（おぎの・よういち）24／27
一九六五年生まれ。番組等映像の演出・構成作家／映画評論家。「リアルサウンド」「キネマ旬報」で連載。他に最近では『NOBODY』「boidマガジン」等で執筆。

木原圭翔（きはら・けいしょう）15
一九八四年生まれ。早稲田大学演劇博物館助手。専門は映画理論、古典的ハリウッド映画論、テレビ論。主な論文に「『サイコ』における予期せぬ秘密」（『映像学』）など。

葛生賢（くずう・さとし）06／08／33
一九七〇年生まれ。映画批評。共著書に『アジア映画の森――新世紀の映画地図』（作品社）など。

隈元博樹（くまもと・ひろき）20／21
一九八七年生まれ。映画監督・映画批評。監督作に『Sugar Baby』（二〇一一）、『夜明けとBLUE』（二〇一二）、『あの残像を求めて』（二〇一四）など。映画誌『NOBODY』編集部員。

黒岩幹子（くろいわ・みきこ）31
一九七九年生まれ。編集・文筆。「東京中日スポーツ」「boidマガジン」他の編集に従事。『NOBODY』『シネ砦』『映画芸術』「IndieTokyo」などに映画関連記事を寄稿。

須藤健太郎（すどう・けんたろう）02／16／25
一九八〇年生まれ。映画批評・翻訳。訳書に、ニコル・ブルネーズ『映画の前衛とは何か』（現代思潮新社）、國分功一郎監修『ジル・ドゥルーズの「アベセデール」』（共訳、KADOKAWA）など。

角井誠（すみい・まこと）09／13
一九八二年生まれ。首都大学東京准教授。専門は映画研究、表象文化論。共著に『映画監督、北野武。』(フィルムアート社)、論文に「ルノワール・タッチ――『スワンプ・ウォーター』における俳優演出」(『映像学』91号)、「井戸の底のイメージ――セルジュ・ダネーによるジョン・フォード」(『シネ砦』1号)、訳書に國分功一郎監修『ジル・ドゥルーズの「アベセデール」』(共訳、KADOKAWA)など。

長門洋平(ながと・ようへい) **11**
一九八一年生まれ。映画学・聴覚文化論。著書に『映画音響論　溝口健二映画を聴く』(みすず書房)、『戦後映画の産業空間　資本・娯楽・興行』(森話社/共著)など。

南波克行(なんば・かつゆき) **30/34/35**
一九六六年生まれ。映画批評(アメリカ映画)。著書に『宮崎駿　夢と呪いの創造力』(竹書房)、編著書に『スティーブン・スピルバーグ論』、『トム・クルーズ　キャリア、人生、学ぶ力』(ともにフィルムアート社)、共訳書にリチャード・シッケル『スピルバーグ　その世界と人生』(西村書店)。

橋本一径(はしもと・かずみち) **01**
一九七四年生まれ。表象文化論、写真論。著書に『指紋論』(青土社)、訳書にジョルジュ・ディディ=ユベルマン『イメージ、それでもなお』(平凡社)など。

降矢聡(ふるや・さとし) **コラム②/コラム④**
一九八六年生まれ。映画批評・映画配給。未公開映画紹介・配給団体のグッチーズ・フリースクール主宰。共著に『映画監督、北野武。』(フィルムアート社)、『映画空間400選』(LIXIL出版)。配給作品に『アメリカン・スリープオーバー』(二〇一〇)、『キングス・オブ・サマー』(二〇一三)、『スラッカー』(一九九一)など。

三浦哲哉(みうら・てつや) **17**
一九七六年生まれ。青山学院大学准教授、映画評論・研究。著書に『映画とは何か――フランス映画思想史』(筑摩選書)、『サスペンス映画史』(みすず書房)。共著に『ひきずる映画――ポスト・カタストロフ時代の想像力』(フィルムアート社)。訳書に『ジム・ジャームッシュ・インタビューズ――映画監督ジム・ジャームッシュの歴史』(東邦出版)。

安井豊作(やすい・ほうさく) **10**
一九六〇年生まれ。映画批評家・映画監督。著書に『シネ砦、炎上す』(以文社)、監督としての映画作品に『ROCKS OFF』(二〇一四)がある。

結城秀勇(ゆうき・ひでたけ) **23/28**
一九八一年生まれ。映画批評。共編著に『映画空間400選』(LIXIL出版)。

渡辺進也(わたなべ・しんや) **03/04/07/29**
一九八三年生まれ。映画批評・編集。映画誌『NOBODY』編集長。

イラストレーション
得地直美(とくち・なおみ)
一九八一年生まれ。イラストレーター。著書に『神保町』、共著に『本屋図鑑』(共に夏葉社)がある。

映画を撮った35の言葉たち

2017年12月25日　初版発行

編集　渡辺進也＋田中竜輔（フィルムアート社）
イラスト／題字　得地直美

デザイン　宮一紀

発行者　上原哲郎
発行所　株式会社フィルムアート社
〒150-0022 東京都渋谷区恵比寿南1-20-6 第21荒井ビル
Tel. 03-5725-2001 Fax. 03-5725-2626
http://filmart.co.jp
印刷・製本　シナノ印刷株式会社

Printed in Japan
ISBN978-4-8459-1713-6　C0074